Tudo que você sempre quis perguntar à

Mara Luquet

100 RESPOSTAS ÀS PERGUNTAS DE OUVINTES

Letras & Lucros

Editora Saraiva

Parte 2

Espaço de arrumação

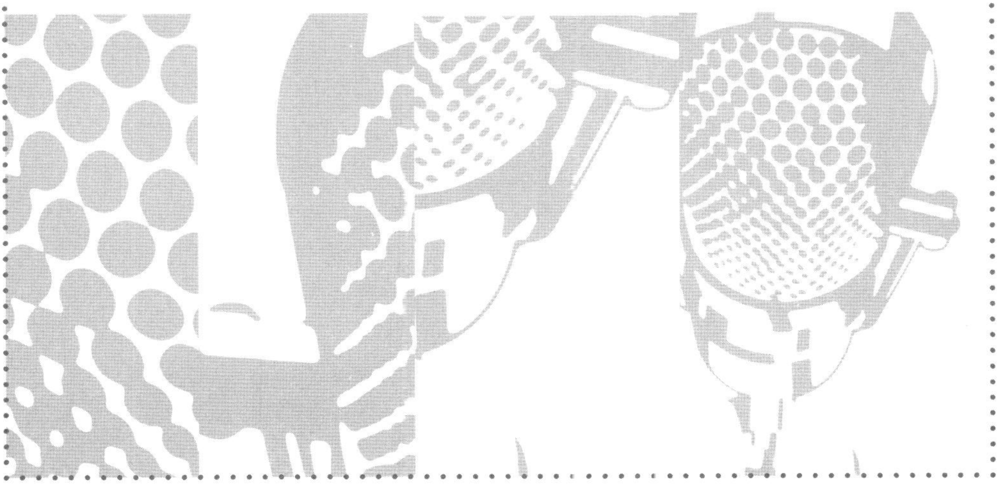

Espaço de arrumação

Aqui você pode aproveitar as respostas da Mara às perguntas feitas por seus ouvintes – e resolver suas próprias dúvidas. As questões estão organizadas por temas, mas muitas delas tratam de mais de um assunto. Portanto, quando tiver um tempinho, dê uma espiada mesmo naquelas partes que nunca lhe despertaram interesse maior. Você pode acabar descobrindo algo novo e instigante...

Índice

Parte II. Espaço de arrumação

1

Onde obter informações?

1 **Em seu comentário na rádio CBN você disse que, na opinião de especialistas, algumas ações estão baratas. Eu gostaria de saber quais são as principais fontes de informação sobre mercado acionário, especificamente sobre preço de ações - se jornais, revistas ou outras - para poder acompanhar melhor os comentários.**

Este é um ponto muito relevante para qualquer pessoa que quer investir em ações, renda fixa, imóveis, ou em outra modalidade: onde obter informações? Antigamente o problema era a falta de informação. Hoje é o excesso. As informações estão disponíveis em jornais, revistas, programas de rádio e televisão, nas empresas e também na internet. A internet, aliás, é porta de entrada para um repertório imenso de dados – alguns muito confiáveis e outros nem tanto. Acompanhar o noticiário, e não apenas o econômico, é sempre bom: ler jornais, revistas e agências de notícias. Por força da profissão, eu normalmente acompanho online a agência ***Bloomberg*** e os jornais ***The Wall Street Journal*** e ***Financial Times***. Leio também os jornais ***Valor Econômico, O Globo, Folha de São Paulo*** e ***Estado de S. Paulo***. São boas fontes de análises econômicas, financeiras e de empresas. Além disso, para saber se uma ação está cara ou barata, leio relatórios de analistas que, em geral, são fornecidos pelas corretoras. Cada analista tem sua projeção de preço para a ação – e eu leio pelo menos três relatórios diferentes para chegar a alguma conclusão sobre a empresa e o valor de seus papéis. Há ainda os relatórios dos macroeconomistas, que apontam as tendências de juro, crescimento e outros indicadores, importantes para que se compreenda o cenário em que as companhias operam e em que suas ações são negociadas. Você pode ler mais sobre estes relatórios no Capítulo 6 da primeira parte do livro.

2 Tenho 21 anos, estudo medicina, e sou fascinado pelas questões relativas a investimento e risco. Já li conceitos disponíveis no site da Bovespa, busco informações em outros sites, e sou leitor dos artigos que você publica no blog. Acontece que estou com um repertório desconexo. Por favor, me ajude a me organizar. Sei que preciso compreender os sinais e os sintomas do mercado financeiro, realizar meu diagnóstico pessoal e, então, arriscar. Aonde encontro o que preciso para me tornar investidor?

Sua opinião terá de ser formada, pessoal e individualmente, a partir de informações que podem ser obtidas por vários meios (leia sobre fontes de informação na resposta à questão anterior). A princípio é natural que você fique confuso, ou se perca em meio a opiniões e análises desconexas. Mas considere que o mercado é formado por pessoas que pensam de maneira diferente umas das outras, ou seja, que as opiniões não são unânimes e convergências ocorrem apenas eventualmente. Com o tempo você verá que o índice de acertos de alguns é maior do que o da maioria, e vai confiar mais neste ou naquele economista ou analista. De todo modo, tire suas conclusões a partir das informações que obtiver – e tenha sempre em mente que as decisões que tomará como investidor serão sempre solitárias e de sua exclusiva responsabilidade.

3 O mercado financeiro já descobriu o twitter? É uma ferramentinha bacana onde você pode acompanhar as atividades de pessoas e empresas...

Sim, o mercado financeiro já descobriu o Twitter (**www.twitter.com**). Várias empresas, consultorias financeiras e corretoras têm páginas e postam diariamente informações sobre mercado, ações, juros, entre outras, neste site.

Para os que não conhecem: twitter é uma rede social online e também um servidor para micro blogging. Permite aos usuários que enviem e leiam notícias e informações atualizadas de seus contatos em textos objetivos e enxutos, de até 140 caracteres.

4 Sempre que posso acompanho seus comentários sobre Bolsa. Sou pequeno investidor. Gostaria que você indicasse sites de consulta com especialistas no assunto, que elencasse papéis com recomendação de compra/venda/troca.

Os analistas de investimento invadiram a blogosfera e esta é uma boa notícia para pequenos e médios investidores. Muitas corretoras têm blogs que trazem comentários de seus analistas e recomendações de ações. Há também as páginas no twitter, onde o movimento diário da Bolsa é comentado em chamadas de corretoras. Um dos blogs de que mais gosto é o da Lafis, que não é uma corretora, mas uma empresa de análise setorial, econômica e financeira, com um extenso banco de dados. No endereço **http://lafis-br.blogspot.com**, diariamente a Lafis publica análises de empresas e setores.

5 Gostaria de saber onde me informar sobre as ações que oferecem maiores dividendos.

Você pode obter informações sobre carteiras de dividendos em corretoras. A corretora do HSBC, por exemplo, publica uma carteira de dividendos regularmente. Veja se a sua corretora tem algo parecido. O jornal ***Valor Econômico*** também publica uma carteira de dividendos recomendada por analistas. Além disso, aqui mesmo, no Capítulo 11 da primeira parte, há uma tabela com as ações que mais pagaram dividendos regularmente nos últimos anos.

6 Você pode me indicar um livro bem didático sobre operações na Bolsa? E sugerir onde posso acessar informações sobre a sua movimentação antes da abertura dos trabalhos?

Há muitos livros sobre o mercado de ações. Minha sugestão é que você vá a uma livraria, invista algum tempo avaliando cada um deles e veja qual se adéqua ao seu perfil. Quanto à movimentação da Bolsa, o melhor é procurar sua corretora. Ela pode lhe dar acesso a informações em tempo real.

7 Gostaria de saber em que site poderia acompanhar o andamento da Bolsa de Nova York em tempo real.

Há várias alternativas que permitem acompanhar o andamento das mais importantes bolsas no mundo. Os meios de acesso livre trazem as cotações com atraso de cerca de 15 minutos. Então, se você quer acompanhar o movimento em tempo real, terá de pagar pelo serviço. Agências de notícias internacionais, como a *Bloomberg*, são boas fontes para obter dados internacionais.

8 Tenho 39 anos, sou casado, e comecei a aplicar na Bolsa em março de 2008. Passada a alegria da descoberta, percebi que preciso mais do que acompanhar o vai-e-vem das cotações. Preciso, por exemplo, saber como calcular lucro líquido das aplicações, juro bruto e juro líquido. Escrevo para pedir orientação, pois não entendo tudo o que leio e gostaria de entender, até para diversificar melhor meus investimentos. Você conhece livros ou sites que possam ser usados no aprendizado para aplicar em ações, renda fixa, fundos de ações? Pode explicar como funciona o Tesouro Direto?

Minha sugestão é que você leia a primeira parte deste livro onde há respostas para algumas de suas perguntas. Há também alguns sites que merecem ser visitados. A CVM oferece boas informações no portal **www.portaldoinvestidor.gov.br**. A Associação Brasileira das Entidades dos Mercados Financeiro e de Capitais - ANBIMA, mantém o site **www.comoinvestir.com.br.** E há informações para que você compreenda o funcionamento do Tesouro Direto no site **www.tesourodireto.gov.br**. Depois de conhecer os princípios do mercado, visite livrarias e procure com calma os autores que melhor respondam às suas dúvidas. Há publicações de qualidades variadas sobre temas específicos – e a seleção dependerá de seu interesse. Assim, se você se interessa por análises fundamentalistas de avaliação de ações, há toda uma gama de autores que tratam do tema. Se quer entender de análise gráfica, também encontrará livros nessa área. Entretanto, antes de mergulhar muito fundo, é bom pensar: de quanto tempo você dispõe para estudar e operar o mercado? Porque há especialistas que dedicam a vida a isso. Se tem algo mais importante a fazer, se sua fonte de renda é o trabalho em outra área, recomendo que pesquise, mantenha-se informado, mas prefira buscar um bom profissional que lhe preste consultoria na administração de seus investimentos.

9 Como calculo o lucro por ação (P/L) da bvmf3? E onde poderia encontrar uma análise deste papel?

Toda corretora tem analistas ou compra análise de ações e empresas de consultorias especializadas, como a LAFIS (**www.lafis.com.br**) ou a Lopes Filho (**www.lopesfilho.com.br**), dois nomes com tradição. Ocorre que, em alguns casos, as corretoras só liberam os relatórios para clientes. No site da carteira CBN (**http://colunas.cbn.globoradio.globo.com/carteiracbn/**) e no meu blog (**http://colunas.cbn.globoradio.globo.com/maraluquet/**), costumo anexar alguns relatórios que recebo de bancos de investimento e corretoras. É possível acompanhar também alguns blogs de analistas que disponibilizam relatórios mesmo para não clientes. Quanto ao P/L, trata-se de um, entre muitos múltiplos utilizados por analistas, para saber se uma ação está cara ou barata. O múltiplo é calculado dividindo o preço da ação pelo lucro por ação. Leia mais sobre múltiplos no Capítulo 14 da primeira parte deste livro.

10 Mara, eu ouvi na CBN você comentar sobre o clube de investimento que foi montado por um empresário, para salvaguardar herança, patrimônio, etc. Gostaria de saber como obter informações sobre esse clube de investimento, e se existe algum banco que faça a sua gestão.

A história foi contada por Manoel Horácio, presidente do Banco Fator. Ele criou um clube de investimentos para ele e a mulher, e doou cotas para os dois filhos. Os quatro são cotistas do clube. Trata-se de uma forma eficiente de gerir a "herança". Isso porque Horácio faz doações anuais para os filhos no montante de cerca de 35 mil reais, valor-limite para ficar isento da tributação cobrada nesses casos (observe que esta é uma tributação estadual e cada estado determina o teto da doação isenta). Outra preocupação do empresário foi determinar a incomunicabilidade dos recursos aportados no clube com os bens do casal. Dessa forma, garantiu que se algum dos filhos, casados, se separar, o clube não entrará na partilha do patrimônio. Por fim, ele incluiu uma cláusula de usufruto, o que significa que os filhos só podem mexer no dinheiro com a autorização do pai. Para fazer um clube de investimento é preciso procurar uma corretora que lhe informe os detalhes da operação.

11 Como inicio e onde encontro uma corretora que aceite um clube de investimentos pequeno com depósitos mensais na ordem de cem reais por mês por participante?

O primeiro passo é encontrar esse grupo. Como a aplicação inicial de cada um é muito pequena, o ideal é reunir o maior número possível de pessoas. Mas lembre-se que um clube de investimentos não pode ultrapassar 150 cotistas (o número mínimo é três). Depois você precisará pesquisar as corretoras que têm tradição na gestão de clubes de investimentos. Os locais mais adequados para conseguir a lista das corretoras e seus dados são o site da Comissão de Valores Mobiliários (**www.cvm.gov.br**) e o site da Bovespa (**www.bovespa.com.br**). No site da CVM você deve procurar a página de agentes autônomos e clicar em Consulta ao Cadastro Geral. Na sequência, na caixa que pede para que você escolha o tipo de participante, escolha Corretoras. No site da Bovespa, a lista das corretoras está mais visível. Na página inicial há a opção Corretoras logo no alto. Depois de escolher a corretora, seu trabalho não será simples. Como a quantia a ser investida é pequena, será necessário demonstrar à corretora que todos os cotistas estão dispostos a contribuir regularmente e que a tendência do patrimônio é crescer. De maneira geral, os clubes são uma alternativa para um grupo familiar, um grupo de amigos, ou colegas de profissão. Se seu caso se enquadrar nessas duas últimas alternativas, o departamento de Recursos Humanos de sua empresa poderá interceder em favor do grupo junto à corretora do banco com o qual tem relacionamento. Note que, do ponto de vista prático, não há diferença entre investir num fundo ou num clube. Nos dois casos você estará unindo seus recursos aos de outros investidores. Assim como nos clubes, os fundos são uma forma de investimento coletivo. As diferenças concentram-se principalmente em regras e aspectos legais. Por exemplo, os fundos aceitam pessoas jurídicas como aplicadores, enquanto os clubes são exclusivos para pessoas físicas. Na parte legal, os clubes diferem dos fundos mútuos de ações por não haver obrigatoriedade de patrimônio mínimo e por haver menos obrigações formais, como publicação de balanços.

12 Mara, você poderia me mandar o link do relatório da Goldman Sachs que indicou ao Sardemberg, sobre novos temas para investimento?

O boletim a que você se refere foi ao ar quando um analista independente, Bob Browson, divulgou um relatório em que constatava: "O mercado americano não está apenas no mesmo nível de 13 meses atrás, mas também no mesmo nível em que estava há dez anos". Ou seja, não houve ganho mesmo no longo prazo. O investidor não saiu do lugar. Conversei com alguns analistas sobre o assunto. Segundo eles, estes dados mostram a importância de uma carteira diversificada e da necessidade de manter a disciplina de se apropriar de lucros regularmente. Browson afirma ainda que o *rally* que mercados de ações de todo o mundo experimentaram em 2009 já era esperado. Por quê? Porque os papéis ficaram muito baratos com a crise. E quando ocorrem essas desvalorizações expressivas, sempre se espera uma correção do preço para cima. Assim, quando o mercado derrete, é difícil errar na compra de ações, já que os preços de todos os papéis estão muito baixos. É só comprar e esperar... O problema ocorre depois do *rally*, quando os preços alcançaram um patamar considerado razoável, mas persistem dúvidas sobre se ainda há combustível para altas. Os analistas com os quais conversei sugerem que, além de ajustar periodicamente a parcela da carteira investida em ações, conforme seus objetivos e sua tolerância ao risco, você fique atento aos grandes temas que vão guiar o mercado nos próximos anos.

O link para o estudo é:

http://colunas.cbn.globoradio.globo.com/maraluquet/?s=goldman.

13 Quais os setores ou países que vão puxar o crescimento no futuro?

Um exemplo são os BRICs (sigla criada pelo Banco de Investimento Goldman Sachs com as iniciais de Brasil, Rússia, China e Índia), que puxaram o crescimento das commodities na primeira década deste século, valorizando as empresas ligadas a esse setor ou a esses países. Entre os analistas, os mais e os menos otimistas convergiram em um ponto: as mulheres formarão o grande tema dos próximos anos. O estudo da Goldman Sachs (a íntegra está no blog) mostra que o aumento da renda feminina vai mudar o padrão de consumo... para melhor!!! Homens gastam com cigarros, bebidas e diversão! Mulheres gastam com educação, alimentos e, acredite: produtos financeiros!!! A partir daí, os analistas mapearam as empresas que tendem a se beneficiar.

14 Quero investir em ações de baixo risco para resgatá-las em um ou dois anos. Existe uma regrinha de quanto aplicar por mês na Bolsa?

Há sim algumas regrinhas. Eu, particularmente, não gosto de nenhuma delas. Muitas foram importadas do mercado americano, como a que diz que você deve subtrair de 100 sua idade – a diferença corresponde à parcela da carteira a ser aplicada em ações. Assim, se você tem 60 anos, sua carteira deve ter 40% em ações. Considero esse percentual elevado num mercado emergente, como o brasileiro, em que a oscilação do preço das ações pode ser muito alta. O melhor é investir apenas dinheiro de longo prazo. E um ano não é longo prazo. Dois ainda vá lá – desde que sejam recursos com os quais você não tenha de honrar nenhum compromisso.

15 A recomendação dos consultores para a Carteira CBN é mensal? Gostaria de ter recomendação a cada mês...

Na Carteira CBN, as recomendações são anuais (veja detalhes no Capítulo 3 da Primeira Parte do livro). No entanto, o acompanhamento da valorização dos papéis é feito diariamente pela consultoria LAFIS e pelo economista Roberto Tamião. Para ter recomendações mensais, procure as corretoras. Em geral os analistas publicam uma carteira recomendada todo mês.

16 Tenho em meu poder ações antigas, compradas por meu pai entre 1969 a 1971. Não sei se ainda valem, se podem ser negociadas e como fazer.

Não jogue fora os papéis! É preciso se certificar do que ocorreu com a empresa e de sua posição como acionista. O primeiro passo é saber se a empresa ainda existe. Se este é o caso, procure a diretoria de Relações com Investidores. Se ela não existe ou você não a conhece, procurare a Comissão de Valores Mobiliários (CVM). Envie uma mensagem para o serviço de atendimento ao cidadão ou telefone para o 0800-7225354. Segundo a CVM, o direito a propriedade não prescreve. Há muitos acionistas desconhecidos de grandes e boas empresas. Então vale a pena conferir.

17 **Tenho procurado saber quais são os investidores que participam da composição acionária da Hypermarcas, porém, somente encontrei dados de junho de 2008. Onde posso obter informação atualizada?**

Em geral as empresas abertas, ou seja, aquelas que possuem ações na Bolsa, mantêm páginas na internet com áreas dedicadas ao investidor. Nestas áreas é possível encontrar a demonstração de resultados da empresa, os mercados onde ela atua, seus produtos e também sua composição acionária. Caso as informações não estejam disponíveis, procure a área de Relação com Investidores da empresa, que pode lhe fornecer dados atualizados. Aproveite e deixe sua sugestão para que a página na internet seja aprimorada. Enquanto isso, no gráfico abaixo você pode verificar a composição acionária da Hypermarcas em 21 de julho de 2009.

Os sócios da Hypermarcas
Composição acionária da empresa em julho de 2009

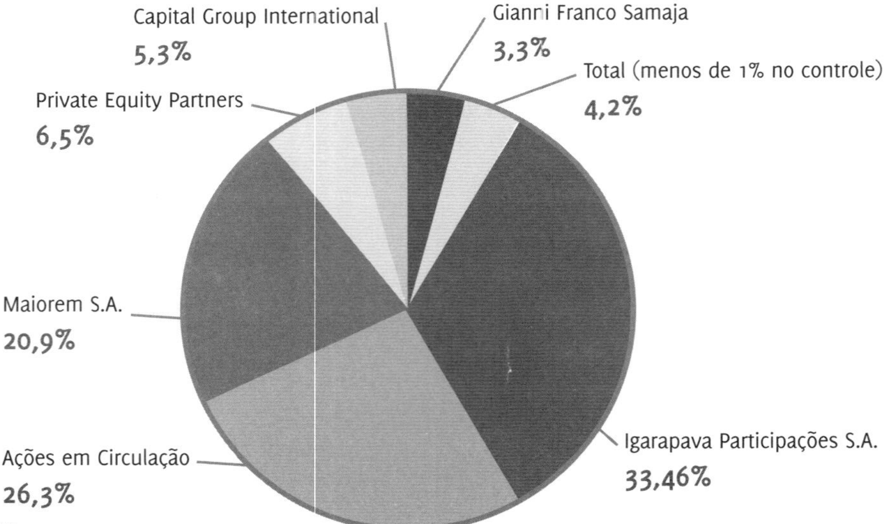

Fonte: BM&FBovespa

18 Tenho um dinheiro sobrando e gostaria de "brincar" com ele em ações. Já fiz isso há algum tempo. Utilizava um site que não existe mais que, além de fazer as operações de compra e venda, trazia informações e gráficos das empresas. Como não tenho conhecimento sobre *day trade*, estou com algumas dúvidas. Há material que eu possa ler para adquirir conhecimentos sobre este tipo de operação? Um local onde possa comparar os preços das corretoras para saber qual contratar? Quais são as corretoras que oferecem melhores informações, ferramentas, enfim, condições de operação?

Há muita literatura sobre o mercado de ações. Em vários livros você encontrará um Capítulo dedicado ao day trade. O melhor é você pesquisar em uma livraria para escolher o material que responde às suas dúvidas. Quanto às corretoras, não conheço um ranking dos preços que cobram por seus serviços. Mais uma vez, você terá de pesquisar a que oferece o que precisa. ✓

Glossário

day trade - a expressão em inglês, traduzida ao pé da letra para o português, significa negócio realizado no dia. No mercado, consiste na compra e venda no mesmo dia, pelo mesmo investidor ou por meio de uma mesma corretora, pela mesma conta de custódia, com liquidação exclusivamente financeira, de um mesmo ativo – ações, commodities ou moedas, por exemplo. Na Bolsa, as operações *day trade* propiciam a oportunidade de se tirar proveito da volatilidade do mercado no curto prazo.

2

Quais os passos para ser um investidor?

19 Oi, Mara, como vai? Gostaria de saber o que preciso fazer para investir. Isso só pode ser feito pela internet ou posso ir às corretoras, visitar seus endereços e suas instalações?

Você pode fazer investimentos pela internet, por telefone, ou diretamente nos escritórios das corretoras. Em qualquer hipótese, só faça negócios com corretoras autorizadas pela CVM. Existem dois sites onde você encontra informações confiáveis sobre as corretoras. Um deles é o da própria CVM, no endereço **www.cvm.com.br**. O outro é o **www.bovespa.com.br**, da Bolsa. Pesquise, faça sua escolha com atenção e, para seus contatos, utilize os telefones e endereços que constam nestes sites – da CVM e da Bolsa. Isso porque são frequentes as fraudes nesse universo, e você certamente não quer ser vítima de um estelionatário por falta de informação ou ingenuidade. Se deseja efetivamente investir, dê passos seguros. É bom, por exemplo, que você saiba de um ardil comum no mercado. Pessoas ansiosas por ingressar na Bolsa, que para isso precisam de um corretor, são abordadas por fraudadores de conversa fácil e envolvente, que lhes entregam cartões de visita impressos com nomes de corretoras conhecidas e tradicionais do mercado. No entanto, telefones e endereços que constam nesses cartões são falsos e há investidores que acabam entregando dinheiro a alguém que desaparece do mapa. Ou seja: invista, sim, mas antes visite os sites onde há informações seguras, e não confie nem em seus olhos se alguém lhe convidar para conhecer o escritório de uma corretora que não consta desses sites. Para saber mais leia o Capítulo 4 da primeira parte deste livro.

20 **Vocês só dão dicas para os ricos ganharem dinheiro! E os pobres? Não existem aplicações para quem tem pouco dinheiro ganhar, por exemplo, 300 reais mensais? Uma grana assim já ajudaria a pagar as contas...**

Qualquer um que gaste menos do que ganha pode ser investidor. Seja qual for a sobra, é possível iniciar uma carteira de investimentos. Nunca despreze seus recursos! Você deu um duro danado para conseguir seu salário, portanto, cuide bem de cada centavo. Um erro comum é achar que o dinheiro é pouco. Não entre nessa. Sempre há alternativas. Uma excelente porta para o pequeno investidor é a caderneta de poupança. Isso porque aceita qualquer valor de aplicação, não tem taxa de administração e não paga imposto de renda. Assim, comece acumulando um volume na poupança e aos poucos busque outras aplicações. Com 100 reais, por exemplo, já é possível ter uma carteira diversificada de ações. Como? Por meio de fundos de investimentos!

21 **Alguns sugerem que este é um bom momento para a compra de ações, outros dizem que é melhor esperar. Li que ações de pequenas e médias empresas podem ser boas opções. Para um pequeno e atordoado principiante, a aplicação de longo prazo em fundos de ações pode ser um bom negócio? A contratação de um gestor via fundo de ações é uma boa alternativa?**

Só você pode saber qual o melhor momento de entrar ou sair da Bolsa. O momento é seu. Não adianta a Bolsa estar em baixa se você tiver data determinada para usar seu dinheiro e não puder esperar a alta para o resgate. As sugestões que você lê ou ouve, portanto, são apenas indicações. E como os analistas observam a realidade de ângulos diferentes, é natural que seus pareceres não sejam uniformes. Tente não se atordoar: faça uma síntese e chegue às suas próprias conclusões. Agora, muita gente que investe não conhece análises de empresas e/ou não tem tempo para acompanhar o mercado e os relatórios dos analistas. Se você é uma dessas pessoas, os fundos de ações são, sim, recomendados. Desta forma você entrega seus recursos a gestores profissionais com equipes de analistas e economistas. Certamente ficará menos atordoado. E talvez deixe de ser pequeno.

22 Eu e meu marido temos dez mil reais para investir. Já temos imóveis. Somos do tipo tradicional: nada arrojados. Mas não adianta guardar dinheiro se não vamos aplicá-lo, não é? Sempre ouço você falar muito bem do Tesouro Direto, que a maioria dos bancos não indica por não ser vantajoso para eles, embora seja muito vantajoso para o investidor... E de fato, quando meu esposo pergunta a amigos de banco, todos argumentam com Petrobras e Vale... Mara, por onde devo começar?

É verdade, de nada adianta guardar se você não aplica para proteger seu dinheiro de ser corroído pela inflação. Quanto às suas dúvidas: ações e Tesouro Direto são duas classes de ativos diferentes. Ações compõem a classe de renda variável, com maior risco. Tesouro Direto é investimento de renda fixa, uma aplicação mais conservadora. Como você não gosta de risco, concentre seus investimentos na renda fixa. Os papéis do Tesouro podem ser comprados pela internet (**www.tesourodireto.gov.br**) ou por meio de fundos. Para conhecer as corretoras que operaram esse papel (agentes de custódia) procure a lista no próprio site do Tesouro Direto.

23 Há um período do mês recomendado para a aplicação em um fundo de ações?

Não. Ao investir mensalmente você estará aderindo à estratégia de formação de preço médio da ação. Leia mais sobre este tema nos capítulos 7 e 15 da Primeira Parte.

24 A partir de que montante uma aplicação em fundo de ações deixa de ser vantajosa em relação a ações puras?

O valor pode ser um parâmetro pois, se você tiver 100 reais, poderá aplicar numa carteira diversificada de um fundo. No entanto, o melhor critério é sua disponibilidade para acompanhar o mercado. Um fundo de ações tem um gestor que se encarrega desta tarefa. Mais: não há contra-indicação em manter as duas formas de investimento. Se for comprar ações de uma só empresa, compare a taxa do fundo à que a corretora cobra para comprar o mesmo papel e opte pelo mais barato.

25 **Tenho 38 anos, sou funcionário público, tenho renda mensal de três mil reais, e gasto mensal de dois mil reais. Qual a sua sugestão para eu guardar um pouco de dinheiro para ao futuro?**

Pague a você primeiro! Esta é uma excelente estratégia para guardar dinheiro e muito recomendada por consultores internacionais. Consiste em fazer exatamente o contrário do que a maior parte das pessoas faz: primeiro você separa o valor do que vai investir e depois paga suas contas. Assim, na partida pegue os mil reais que tem disponíveis todos os meses, ou parte dessa quantia, e faça um investimento. Com o restante pague suas despesas. Caso contrário, acabará gastando tudo. Lembre-se: investir é adiar o consumo. Antes de decidir onde investir pense em quando e como deseja utilizar o dinheiro reservado. Isso contribuirá para que você escolha a aplicação adequada às suas necessidades. Curto prazo renda fixa, prazos maiores podem contemplar uma fatia de ações.

26 **Sou seu ouvinte diário, tenho disponíveis quatro milhões e meio de reais que quero resgatar em 10 de outubro de 2014. Peço-lhe a fineza: faça essa aplicação. . .**

Eu não sou analista de investimento e não tenho credenciais para indicar qualquer aplicação. Além disso, para decidir acerca de seus investimentos você tem de considerar uma série de aspectos. A primeira parte você já fez: sabe o prazo da aplicação, de pouco mais de cinco anos, ou seja, de médio a longo prazo. Mas há outras variáveis importantes. Primeiro: o que esse valor representa em sua carteira de investimentos? Quanto você já tem em renda fixa e em ações? É sempre recomendável considerar sua carteira global. Segundo: qual é o seu apetite para o risco? Terceiro: qual é a finalidade destes recursos? Você poderá adiar o saque se a Bolsa estiver em queda quando precisar resgatar as ações? Uma coisa é aplicar dinheiro para ir à Copa do Mundo de Futebol – você poderá adiar seu projeto. Outra, bem diferente, é precisar do dinheiro para obrigações inadiáveis, como pagar uma dívida ou fazer uma cirurgia. Enfim, é preciso pensar bem.

27 Quero montar uma carteira de ações com dez mil reais. Faço isso junto ao meu banco ou através de uma corretora de valores? Você acha melhor aplicar este valor em títulos do Tesouro Nacional? Tem outra sugestão?

Você pode comprar ações diretamente via corretora (inclusive a corretora do seu banco, se você for bem tratado e o custo for competitivo), ou via fundos de investimento. Cotas de fundos podem ser adquiridas via corretoras independentes ou no banco em que você tem conta, se ele tiver empresa de gestão de fundos ou distribuir fundos de terceiros. Quanto à alternativa de aplicar no Tesouro Direto, veja que estamos falando de duas classes de ativos completamente diferentes. No Tesouro Direto você tem títulos de renda fixa, aliás, os mais conservadores, pois emprestar ao Governo Federal é a operação considerada como a de menor risco do mercado. Já em ações você está no outro extremo: trata-se de renda variável, e as ações estão na parcela de maior risco porque são voláteis, ou seja, o preço do papel oscila muito. Para resolver seu problema, portanto, você terá de responder: Qual o objetivo deste dinheiro? Vou resgatar no curto prazo? Posso correr mais risco porque não vou precisar dele? Já tenho muito dinheiro em aplicações conservadoras e é hora de diversificar para tentar aumentar a rentabilidade? Ou já estou com muito dinheiro em aplicações de risco e se vier uma crise vou ter problemas? Enfim, só você pode dizer qual o melhor destino a dar para seu dinheiro.

28 Tenho ouvido com frequência que uma boa estratégia é investir aos poucos. Mas quão aos poucos? Um pouco todos os dias, todas as semanas, de 15 em 15 dias?

Esta estratégia tem nome: *dollar cost avareging* (leia mais nos capítulos 7 e 15 da Primeira Parte do livro). Quem decide sobre a frequência das aplicações é você. O importante é distribuir os recursos para formar um preço médio. Por isso, o melhor é que o intervalo seja de cerca de um mês, para que ocorra variação no preço. Mas se os recursos ficarem disponíveis num intervalo menor, não há problema. O objetivo é evitar que você se arrependa do que pagou por suas ações – e isso não acontece porque você não utiliza todo o dinheiro numa única compra: tem sempre a oportunidade de novas aquisições.

29 Se os negócios na Bolsa são feitos com papéis que já foram vendidos por uma empresa, como ela se beneficia com o aumento do valor de uma ação, ou se prejudica com o seu decréscimo?

A ação é uma espécie de moeda. Uma empresa com ações valorizadas tem muitos benefícios. Por exemplo, se precisar de recursos para aumentar instalações, poderá captar dinheiro no mercado, ou seja, emitir ações e vender a investidores na Bolsa. Se quiser comprar outra empresa, poderá usar ações como moeda de troca e, assim, não precisará desembolsar dinheiro.

30 De que adianta, no Brasil, ter o tal fundo PIBB, se ao querermos comprar suas cotas, seja na Caixa, seja junto ao Banco Itaú, seu gestor, somos informados de que ele está fechado? Ou será que sou eu um pé frio e o fundo nunca está disponível para mim quando quero investir?

A característica do PIBB é justamente ser um fundo fechado. Você poderá saber mais sobre ele lendo o Capítulo 17, na Primeira Parte. No Brasil, além do PIBB, há três outros fundos que replicam a carteira de algum índice – e por isso são chamados fundos de índice. O PIBB replica a carteira do IBrX-50. No exterior, este tipo de produto é conhecido como ETF (*Exchange Traded Fund*) e o maior gestor global é o banco britânico Barclays. No Brasil, os ETFs do Barclays têm o nome de iShares. Diferentemente dos fundos de investimentos tradicionais, em que você aplica diretamente no fundo, os ETFs só permitem a aplicação direta durante um prazo limitado ou em determinadas condições. Mas as cotas seguem sendo negociadas na Bolsa. Desta maneira, tanto no caso do PIBB como dos iShares, se quiser investir compre cotas no mercado secundário, ou seja, na Bolsa de Valores, por meio de uma corretora, da mesma forma como faz com ações. ✓

Glossário

IBrX-50 - índice que mede o retorno total de uma carteira teórica de 50 ações selecionadas entre as mais negociadas na Bovespa, ponderadas pelo valor de mercado (número de ações multiplicado pelo preço do papel)

3

Como garantir uma aposentadoria tranquila?

31 Como montar uma carteira de dividendos para a minha aposentadoria?

Manoel Lois, diretor da Corretora Spinelli, costuma afirmar que as melhores empresas, no que diz respeito ao pagamento de dividendos, são aquelas dos setores de *utilities*, ou seja, de serviços essenciais. Fazem parte desse universo as companhias de energia elétrica, telecomunicações, saneamento, transporte, rodovias e bancos. Tradicionalmente esses setores pagam bons dividendos de forma regular. Além disso, em geral são menos afetadas por crises. O ideal é compor uma carteira que contemple ações de diversas companhias. A recomendação é a seguinte. No período de acumulação de patrimônio para a aposentadoria, você deve concentrar sua carteira em empresas que invistam em expansão, ou seja, que tenham uma política de crescimento agressiva. Isso porque suas ações tendem a dar retorno mais alto. Depois de aposentado, aí sim, você deverá fazer um ajuste, dedicando maior parcela da sua carteira a ações que pagam mais dividendos, pois elas são mais conservadoras e os dividendos podem complementar sua renda. Na página seguinte há uma tabela com informações sobre empresas do setor elétrico, um dos que tradicionalmente pagam bons dividendos aos acionistas.

Ação enérgica em favor da tranquilidade

Empresas do setor elétrico que pagam participação significativa nos lucros

As ações abaixo foram sugeridas por Eduardo Kondo, analista da Corretora Concórdia. É uma carteira com boas perspectivas de pagamento de dividendos. Uma alternativa para quem está aposentado ou quer criar uma carteira de dividendos.

Empresa	Características	Retorno em dividendos esperado para 2009
Cemig	É uma das maiores empresas de energia elétrica da América Latina, e destaca-se pelo baixo custo operacional e pelo foco no longo prazo.	**6,2%**
Coelce	Controlada pelo grupo espanhol Endesa, a empresa é responsável pelo fornecimento de energia elétrica no Ceará. Apresenta excelente geração de caixa, endividamento baixo e pay-out de 95%.	**16,3%**
CPFL Energia	O forte potencial de crescimento do consumo de energia elétrica nas áreas de concessão da companhia (São Paulo e Rio Grande do Sul), traz boas perspectivas para os próximos anos.	**7,3%**
Tractebel	É a maior geradora de energia elétrica do setor privado no Brasil, controlada pelo Grupo Suez Energy. Possui forte geração de caixa, lucro líquido estável, consistente, e bom histórico de distribuição de dividendos.	**5,2%**
Transmissão Paulista	É uma das melhores opções de investimento entre as empresas do setor elétrico, pois combina margens operacionais elevadas com boas perspectivas de crescimento e enorme potencial de diluição de custos.	**12,2%**

32 Tenho 23 anos e curso Engenharia da Computação. Comecei a estagiar, ganhando 800 reais por mês, e tudo indica que meu salário será cada vez maior. Não tenho nenhum valor investido, mas já penso na aposentadoria e tenho algumas dúvidas. Começo a aplicar agora ou espero ter salário maior? Penso em investir por conta própria, pois me considero disciplinado. O que você sugere?

Comece já! Você terá muitos benefícios se começar cedo. Poderá, por exemplo, investir uma parcela maior de sua carteira em ações. E, o que é ainda melhor, não é preciso muito dinheiro para dar o primeiro passo. Um estudo da seguradora MetLife diz que, em sua faixa etária, 5% do salário são suficientes. A receita, segundo analistas, é distribuir seus recursos em renda fixa e em fundos de ações – para se familiarizar com o mercado. Assim, como você é bastante jovem, precisará fazer pouco esforço: o tempo e as taxas de retorno compostas farão o trabalho mais pesado. Dê uma olhada no quadro a seguir.

As contas do tempo

O esforço é menor quando se começa a investir cedo

Início da poupança (idade)	23 anos	40 anos	50 anos
Depósito mensal	R$131,33	R$546,54	R$1.471,54
Término da poupança	65 anos		
Tempo de contribuição	42 anos	25 anos	15 anos
Taxa de juros (ano)*	8%	8%	8%
Total acumulado *	R$ 500.000,00		

* *valores nominais*

33 **Adoro ouvir seu programa e ler seu blog. Também li um de seus livros: *Meninas iradas vão à Bolsa*. Tenho 36 anos e, pensando na aposentadoria, além de CDB/DI, invisto em fundos da Petrobras e da Vale. Estou fazendo um bom negócio ou seria melhor aplicar em ações? Um aviso: entendo pouco de ações e uso o banco para fazer minhas aplicações.**

Manter uma fatia dos seus recursos de investimento em ações, visando a aposentadoria, é uma estratégia recomendada por analistas em geral, porque no longo prazo elas tendem a superar o retorno da renda fixa. Você pode fazer sua carteira comprando ações diretamente ou por meio de fundos de investimento. A alternativa dos fundos é indicada principalmente para aqueles que não têm tempo para acompanhar o mercado e nem se sentem confortáveis em escolher as empresas nas quais investir. Se você investe em Petrobras e Vale via fundos, já tem uma posição em ações. No entanto, é importante checar o quanto paga de taxa de administração, pois, no caso, um fundo compra Vale e o outro Petrobras. Ou seja, não há um trabalho ativo de seleção de ações para a carteira. Assim, a taxa de administração deve ser baixa, competitiva com a alternativa de você fazer a compra diretamente. Veja, portanto, o que é mais barato: se comprar ações diretamente ou por meio dos fundos nos quais você está aplicando.

34 **Sou representante comercial, tenho 48 anos e renda mensal muito boa. Não tenho previdência privada. Dispondo de cerca de 2 mil reais por mês, o que devo fazer com este dinheiro, por que período de tempo, e com quanto poderia contar na aposentaria?**

A melhor maneira de administrar seus recursos é formar uma carteira diversificada de investimentos, com uma fatia em renda fixa e outra em ações. A fatia de ações dependerá de seu apetite para o risco e da idade com que você pretende se aposentar. Quanto maior o prazo, maior poderá ser a parte aplicada em ações. Você também deve contemplar uma parcela de sua carteira com planos de previdência, pois eles gozam de benefício fiscal. Na resposta à questão seguinte, sugiro alguns links úteis para fazer cálculos. Aproveite

35 Hoje você falou na CBN sobre aposentadoria de mulheres com 40 anos, assunto que me interessa. Tenho 39 anos, sou advogada, solteira, tenho previdência privada desde os 26 anos e contribuo mensalmente para o INSS (parcela mínima). Além disso, tenho algum dinheiro aplicado na Bolsa e na poupança. Mas não tenho casa própria. Minha renda mensal é de aproximadamente 10 mil reais, dos quais economizo cerca de 30%. Sou muito conservadora em matéria de investimentos, mas queria ter uma aposentadoria tranquila. Você acha que devo aumentar o valor da minha contribuição mensal da previdência privada mesmo estando perto dos 40 anos? Devo tirar meu dinheiro da Bolsa e fazer outra aplicação? Devo adquirir um imóvel? Tenho uma vontade imensa de pegar esse dinheiro e viajar para fora do País...

Você precisa fazer contas antes de decidir o que fazer. Quanto conseguirá acumular com as aplicações atuais em previdência privada? Quanto precisará de renda na aposentadoria? O montante acumulado será suficiente para que você possa resgatar o valor necessário? Quanto a aplicação em Bolsa representa em sua carteira total de investimento? A renda fixa deve ser a maior parcela da carteira, pois é mais conservadora e lhe deixa confortável para aplicar em mercados de maior risco, como ações. Os analistas insistem que, por mais conservadora que seja, se você visa objetivos de longo prazo, como a aposentadoria, precisa dedicar ao menos uma parcela à Bolsa. Quanto à última questão, se você se sente segura com um imóvel próprio, vá em frente: esta é mais uma forma de diversificar sua carteira. E nada impede o planejamento de suas viagens! Você tem investimentos diversificados e fontes diferenciadas de renda para a aposentadoria. Entretanto, tome alguns cuidados. Acompanhe as aplicações mensais e a evolução de sua carteira, para verificar se não é preciso aumentar os aportes. Ao estimar os gastos que terá depois de aposentada, não esqueça do plano de saúde, que deve consumir um bom dinheiro. E separe um valor para suas viagens. No meu blog há algumas planilhas de seguradoras que ajudam a fazer essas contas. Os links são:

http://colunas.cbn.globoradio.globo.com/maraluquet/?s=Brasilprev
http://colunas.cbn.globoradio.globo.com/maraluquet/?s=icatu

36 Você acha que está na hora de resgatar o que tenho no Fundo Petrobras ou é melhor esperar quatro anos até a minha aposentadoria?

Primeiro é importante checar o que ocorre com esse dinheiro depois do resgate. Ou seja, qual é a sua alternativa de aplicação. Trata-se de um fundo FGTS Petrobras? Se for, o dinheiro obrigatoriamente volta para a conta do FGTS, que tem rendimento pífio. Neste caso, segundo Jorge Simino, diretor de investimentos da Fundação Cesp, o melhor é deixar seus recursos em ações da Petrobras, porque em quatro anos elas devem render mais do que o Fundo de Garantia. A situação é diferente se não houver a obrigatoriedade de o dinheiro resgatado voltar ao FGTS. Aí sua alocação deverá ser mais conservadora: para quem está aposentado, uma carteira de investimentos com15% em ações é bastante razoável. Assim, se a Bolsa cair 20%, por exemplo, sua carteira total só perderá 3%, pois 85% dos seus recursos estarão em renda fixa. Outro ponto importante a ser observado é qual a sua dependência desta carteira na aposentadoria. Quanto menores forem os seus recursos, mais conservador você deve ser. Verifique na tabela a seguir um ensaio sobre os rendimentos auferidos em diferentes prazos e com juro variado.

Projeções de rendimento

Variação conforme a taxa de juro e o tempo de investimento

Depósito de R$ 2.000,00 mensais		
Taxa de juro (ao ano)	6%	8%
Valor acumulado – em R$		
Em 10 anos	326.529	362.566
Em 15 anos	576.617	679.557
Em 20 anos	911.292	1.145.320

37 **Tenho 53 anos de idade e um prazo de 20 dias para aderir a um Programa de Demissão Voluntária, um PDV. Estou vivendo um dilema. Tenho previdência privada com opção de efetuar o saque da reserva. É um bom negócio? Você acha que devo antecipar a aposentadoria?**

Esta é uma decisão tão pessoal! Depende do que você quer para sua vida. É uma oportunidade para antecipar a aposentadoria, sim, mas você poderá iniciar uma nova carreira. De qualquer forma, terá de ter muita atenção na gestão do dinheiro que vai receber. Lembre-se que é com ele que você vai viver. É muito comum pessoas que aderem a um PDV usarem os recursos para abrir negócios próprios. Se este é um sonho, não há nada de errado, mas o investimento é de alto risco: cerca de 80% das empresas não completam o quinto ano. Assim, os analistas recomendam nunca concentrar as aplicações em um negócio próprio. A diversificação sempre é o melhor caminho. Em casos como o seu, o ideal é deixar uma pequena parcela para o risco e se concentrar em aplicações conservadoras, como a renda fixa.

38 **Mara, eu me aposentei há um ano e quero fazer desta aposentadoria nosso pé de meia para a terceira idade. Tenho mensalmente 2.200 reais para aplicar e no momento deposito este valor em caderneta de poupança. Não quero usá-lo nos próximos anos. Como posso investi-lo no longo prazo sem grandes riscos?**

Todo investimento tem risco. A caderneta de poupança está entre os mais conservadores: basicamente o perigo é a quebra do banco no qual você tem dinheiro aplicado. Neste caso, o Fundo Garantidor de Crédito cobre até 60 mil reais de créditos que o cliente tem com a instituição (é importante sempre se certificar no site **www.fgc.org.br**, pois este valor pode variar ao longo do tempo). No entanto, se você não tem data para resgatar os recursos no curto prazo, vale a pena conhecer o mercado de ações, seus riscos, e verificar se sente-se confortável em aplicar ali uma pequena parcela de suas economias.

39 **Tenho 28 anos e, fugindo um pouco do cenário imediatista, estou planejando minha aposentadoria para daqui a 25 anos. Pretendo criar meu próprio fundo de investimento com metade dos recursos em aplicações conservadoras e a outra metade no risco. Que taxa, acima da inflação, devo usar para calcular meus aportes mensais?**

Seja conservador nas projeções. Desta forma você reduz o risco de surpresas negativas no futuro. Grande parte dos fundos de pensão tem como meta o retorno anual de 6% acima da inflação. É uma taxa razoável. Você deve reavaliar sua carteira periodicamente. Assim, sempre que a meta for ultrapassada sua necessidade de fazer aportes no ano seguinte será reduzida.

40 **Tenho 29 anos, moro com meus pais e não tenho grandes gastos. Todos dizem para eu fazer um plano de previdência. Mas se consigo poupar, penso que é melhor gerenciar meu dinheiro. Assim posso usá-lo numa emergência, ou procurar formas de aumentar meu rendimento. A dúvida: previdência privada é só para quem é incapaz de poupar? No meu caso, qual a vantagem de um plano destes?**

Se você acha que pode precisar do dinheiro no curto prazo, é melhor deixá-lo fora dos planos de previdência, porque o resgate no curto prazo tem tributação de até 35%. Mas esta pode ser uma boa opção se você puder dispor de uma quantia para aplicação no longo prazo, pois nesse caso há benefício fiscal. Se você aplicar em PGBL, poderá deduzir até 12% de sua renda tributável da base de cálculo do imposto de renda – se não for isento e não fizer declaração simplificada. A melhor alternativa é o VGBL, que não tem o "come cotas" dos fundos de investimentos tradicionais e permite que você capitalize o dinheiro que iria utilizar para pagar o imposto. "Come cotas" é como se chama o imposto recolhido periodicamente (de seis em seis meses) nos fundos de renda fixa. Os PGBL e os VGBL podem ter carteiras com 100% em renda fixa, ou com um mix de renda fixa e variável (ações). Em ambos o IR só é cobrado no resgate. Nos fundos tradicionais de ações a situação é a mesma: você só paga imposto no resgate. Voltamos a falar nesse assunto na questão 68. Por que você não dá uma olhada?

41 **Tenho 33 anos e começo a me preocupar com aposentadoria. Eu e minha esposa decidimos aplicar 10 mil reais na Bolsa, para sentir o mercado. Num exercício com a Carteira CBN, tentei acompanhar o índice Bovespa. Mas se ficar trocando as ações e tiver de pagar corretagem e emolumentos, meu resultado não ficará prejudicado?**

Realmente, uma carteira com giro alto, tem custo expressivo. E nada garante que o giro aumente o retorno. Ao contrário, pesquisas mostram que essas carteiras tendem a perder, principalmente se não são geridas por profissionais. Há mais detalhes sobre os custos dos investimentos no Capítulo 17 da primeira parte do livro. É importante acompanhar as empresas das quais é acionista. Isso não significa que terá que trocar suas ações a todo o momento e sim que deve se certificar se elas continuam na rota da prosperidade. Quanto à Carteira CBN, leia o capitulo 3 da primeira parte deste livro.

42 **Tenho 48 anos, apartamento e um bom carro. Não tenho dívidas e ganho o suficiente para minhas despesas. No entanto, não tenho reserva financeira e, como sou autônomo, não tenho plano de aposentadoria. Receberei uma indenização de cerca de 130 mil reais. Como aplicar esse dinheiro para ter um futuro tranquilo? Não tenho experiência em investimentos... Mas ouvi você dizer que uma estratégia é comprar ações aos poucos.**

Você deveria ter pensado em sua aposentadoria há mais tempo, mas pior do que começar tarde é não começar nunca – e reservar o dinheiro da indenização é uma boa escolha. Agora, avalie seu apetite para o risco antes de investir seus recursos em ações. Depois, considerando que você não tem experiência em Bolsa e não tem tempo para analisar empresas, o melhor é deixar a tarefa para um profissional, um gestor de fundos de ações. Escolha o fundo mais adequado ao seu perfil. Note que mesmo entre os fundos de ações há segmentações: os de dividendos, os que seguem o Ibovespa, os setoriais. Portanto, você poderá fazer um mix de categorias de fundos. Sobre a estratégia de comprar ações aos poucos, leia os capítulos 7 e 15 da primeira parte deste livro, que tratam do *dollar cost averaging*. ✓

4

Ser Home Broker ou contratar um administrador?

43 **Para começar a investir no mercado de capitais o primeiro passo é buscar uma corretora de valores? Como faz essa galera que investe, negocia e monitora seus investimentos via internet?**

O mercado de capitais está dividido entre os mercados de ações e de dívida. No mercado de dívida estão títulos como as debêntures, emitidas por empresas, que remuneram o investidor com uma determinada taxa de juro, e que podem ou não ser convertidas em ações. Quando compra um título de renda fixa, portanto, você se torna credor da empresa. Quando compra ações, passa a ser sócio do negócio. O primeiro passo, então, é saber que tipo de aplicação você quer fazer: em renda fixa ou em ações? Você poderá comprar esses títulos diretamente ou por meio de fundos. Aí surge outra questão: você se sente capaz de escolher os melhores papéis e de acompanhar seu investimento, ou prefere contratar um gestor profissional, ou seja, aplicar via fundos? Se está começando a investir e decidiu aplicar uma parte de seus recursos em ações, por exemplo, um fundo que conte com um gestor disposto a lhe oferecer informações e orientações pode ser uma boa maneira de aprender sobre o mercado, antes de dar passos mais ousados.

Por fim, é possível, mesmo para pequenos investidores, comprar ações diretamente pela internet. O mecanismo é conhecido como Home Broker. O serviço permite que investidores operem enviando ordens de compra ou venda pela rede. Mas requer cadastro em uma corretora. Depois de abrir seu cadastro, a pessoa faz uma transferência bancária no valor total da operação que deseja realizar e a corretora, então, executa a ordem de negociação. Ou seja, essa galera que investe, negocia e monitora seus investimentos via internet, faz tudo isso atrelada a uma corretora.

44 **Moro em Natal, no Rio Grande do Norte, e gostaria de aplicar direto em Bolsa. Hoje invisto em fundo de ações. Meu dinheiro é suado, gostaria de ter certeza sobre com quem estou trabalhando, e não tenho confiança em contratar um Home Broker. Como me certificar? Como no caso da Carteira CBN, por que você não faz uma sugestão de carteira de Home Broker?**

O Home Broker é o serviço da Bolsa que permite que você compre ações pela internet. Você precisa abrir conta numa corretora, autorizada a operar pela CVM e pela BM&F Bovespa, que preste este serviço. Nós não podemos sugerir uma corretora. Você deverá escolher, entre as que são autorizadas a operar, uma que atenda às suas demandas e tenha custo compatível com os serviços oferecidos. Quanto à carteira, o serviço de Home Broker permite a compra de qualquer ação negociada no mercado: não é necessário ter uma carteira específica.

45 **Mara, eu sou universitária e há algum tempo venho estudando o mercado de ações com o propósito de investir diretamente, operar de casa, no meu Home Broker, mas perdi a disponibilidade de horário. Tenho um amigo de confiança, que opera há um tempo com bons rendimentos, e se propôs a prestar serviço para mim em troca de um percentual. Considerando que vou começar aplicando menos de mil reais, gostaria de saber qual deve ser essa margem percentual...**

Particularmente, sou contra a ideia de deixar esta tarefa para amigos. Seu amigo é gestor profissional? Ele pode ter boas intenções, mas este é um assunto muito sério em que você tem de estar diretamente envolvida. Não embarque em aventuras com suas economias. Você pode ouvir opiniões, compará-las com as de analistas profissionais – mas a decisão será sua. Ou você correrá o risco de ficar alheia ao processo de investimento de seus recursos. Também correrá o risco de perder o amigo, se não ficar satisfeita com os resultados. Mas se quer entregar a tarefa de gestão, faça um levantamento das taxas de administração cobradas por fundos e feche um acordo. Você poderá, inclusive, prever o pagamento de uma taxa de sucesso sobre o retorno que seu amigo lhe trouxer. ✓

5

Como escolher um corretor?

46 Gostaria que você fizesse uma reflexão: se há analistas e economistas tão bons, como erraram tanto nas avaliações do mercado de ações dentro e fora dos Estados Unidos? Penso em dois cenários para sua resposta. O primeiro, no qual procuro acreditar como pessoa de boa fé, é que eles não possuem instrumentos razoáveis para aconselhar ninguém sobre qualquer coisa em qualquer hora ou lugar – são bem vestidos e falam bem, mas não passam de vendedores, cujo sinal de sucesso é o resultado da venda (suas comissões), e o resto é besteira pura. O segundo cenário é bem mais cabeludo: se eles realmente são capazes de avaliar o risco financeiro de uma determinada empresa ou país, aplicaram um imenso golpe e estão rindo à custa dos cordeiros que foram esfolados nos mercados de ações pelo mundo afora... Esclareça, por favor, como esses mestres fazem para avaliar o risco de um papel ou de um país.

O fato de um gestor ou analista ser bom não significa que não cometerá erros. Todos cometem erros – e com investimentos não é diferente. Os melhores gestores são aqueles que contabilizam mais acertos do que erros. Em relação à crise, alguns poucos chegaram a prever que a alta extraordinária dos mercados de ações e dos preços das commodities não iria se sustentar indefinidamente. O problema é que numa fase de plena exaltação do mercado eram raros os que queriam escutar previsões sombrias. Este é o processo de bolhas especulativas. Ocorreu com o preço dos imóveis, com as ações, com as commodities e com vários outros ativos, em outros momentos, também no passado. Da mesma forma que é difícil acreditar que o mercado possa voltar a ter alta quando se está vivendo uma crise, também é difícil aceitar a possibilidade de queda quando há euforia.

47 **Sou leigo, mas gostaria de investir em ações. Tenho acompanhado as últimas cotações e penso em adquirir Petrobras ou Vale. Não pretendo comprar uma quantidade grande, meu investimento talvez seja irrisório. Sei que preciso de um corretor e que devo pagar por seu serviço. Mas tenho muitas dúvidas em relação e este mercado, uma delas inacreditavelmente básica: caso eu invista em ações e depois seu valor caia, eu perderei dinheiro? Terei de pagar ou estarei "apenas" deixando de ganhar?**

Nenhum investimento é irrisório. São suas economias e, se bem guardadas, podem valorizar bastante no longo prazo. Várias corretoras e fundos aceitam aplicações iniciais de 100 reais. Sua dúvida, da mesma forma, não tem nada de inacreditável: por não perguntar coisas básicas muitos cometem erros brutais com dinheiro poupado a duras custas. Então vamos a ela. Você só paga taxa de corretagem à corretora quando compra ou vende ações. Assim, se apesar da queda você não vender suas ações, não pagará nada. É claro que temporariamente seu patrimônio poderá diminuir. Mas como o mercado de ações oscila bastante, em outros momentos ele poderá aumentar. Observe, entretanto, que estamos falando do mercado à vista. Quem opera nos mercados futuros e de opções precisa fazer pagamento de margem (leia sobre chamada de margem no Capítulo 16 da Primeira Parte).

48 **Faço minhas aplicações através do banco Itaú Personnalité, e tenho amigos que investem pela corretora Banif. Qual é a opção mais vantajosa? Como saber a que corretora confiar meus recursos?**

Primeiro é bom que você saiba que o banco Itaú também possui uma corretora, e que sempre que compra ou vende ações você o faz por meio de uma corretora. Quanto à escolha de uma corretora, desde, é claro, que ela seja autorizada pela CVM, esta é uma decisão pessoal. É recomendável que você compare custos, serviços oferecidos e qualidade do atendimento. Há corretoras com excelentes analistas e, se é isso que você procura, pesquise este item antes de pensar em custo. Se sabe o que quer comprar e não se interessa por relatórios, foque nos custos e faça a escolha. Em suma, é preciso saber o que se espera de um corretor para avaliar o quanto ele cobra (a taxa de corretagem).

49 Acompanho os podcasts da CBN e acredito que esse é o momento para ingressar no mercado de ações. Pretendo fazer aplicações de longo prazo (5 a 10 anos), esperando a recuperação da economia e bons resultados. Meu projeto é entrar com mil reais e aumentar conforme surjam oportunidades. O problema está na seleção da corretora. Pesquisei várias pela internet e, afora as de bancos (Itaú, Bradesco e BB), não posso visitar nenhuma e criar uma relação de confiabilidade maior, pois moro em Rondônia. Além disso, as corretoras cobram taxas de custódia, e não quero ver o dinheiro minguar mês a mês durante minha aplicação de longo prazo. Qual é a solidez dessas empresas?

A taxa de custódia é paga à BM&F Bovespa. Algumas corretoras dão descontos, ou mesmo isentam o cliente deste pagamento, como uma forma de bônus. Não podemos indicar corretoras, mas o caminho para saber sobre elas é sempre o mesmo: os sites da CVM e da Bovespa. Feita a consulta sobre as corretoras autorizadas a operar, você deve entrar em contato com as que lhe parecerem mais interessantes, utilizando endereços e telefones registrados nos sites. Para seu esclarecimento, ações não ficam com a corretora, mas na Central Depositária da BM&F Bovespa. Ou seja, se a corretora quebrar, suas ações não entram na massa falida. O risco é de que a corretora não execute suas ordens de compra ou venda. Mas para evitá-lo, a cada operação você receberá um comunicado da Central Depositária.

50 Gostaria de saber qual a possibilidade de quebra de corretoras.

Não existe corretora, banco ou empresa – por maior, mais tradicional e sólido que seja – que esteja livre do risco de ruir. O risco é inerente ao negócio. No entanto, quando compra ações, seu risco não está na quebra da corretora, mas em problemas com a empresa da qual você tem papéis. A corretora não fica com suas ações: elas são custodiadas na Central Depositária da BM&F Bovespa. Aliás, é por isso que você paga taxa de custódia quando compra ações.

51 Sou investidor em ações, títulos do Tesouro Direto e fundos de investimento. Coloco parte de meu capital em cotas do PIBB, que compro no máximo quatro vezes ao ano, sempre buscando o longo prazo, já que penso em usar este dinheiro na aposentadoria, dentro de 15 ou 20 anos. Estou consciente dos impactos das taxas e dos impostos na rentabilidade de meus investimentos. Sempre operei pela corretora Socopa, que não cobrava custódia e tinha uma taxa mínima de corretagem de 15 reais, valor perfeito para meu perfil de poucas operações. Mas recebi uma carta informando que, devido "a nova política de cobrança de serviços da BM&F Bovespa", a partir de maio de 2009 a corretora passaria a cobrar 10 reais nos meses em que eu não realizasse operação. Ou seja, o que era perfeito, já que muitas vezes eu pagava zero de corretagem e zero de custódia, transformou-se em uma fórmula assim: pague 10 reais de custódia ou 15 reais de corretagem todos os meses. Pergunto: houve mudança na política da BM&F Bovespa que aumentou os custos das corretoras, e isto está sendo repassado aos clientes? Mais: existe um ranking de corretoras com as taxas de custódia de ações e operações, para eu possa escolher a que cobra a menor tarifa, assim como existe para o Tesouro Direto?

De fato a BM&F Bovespa mudou a forma de cobrança da taxa de custódia, o que levou a Socopa a cobrar daqueles que não operam todos os meses. Osmar Camilo, analista da Socopa, explica que antes a Bolsa oferecia à corretora um desconto, repassado aos clientes. Quando o desconto deixou de existir, a corretora repassou os valores cobrados. Camilo ainda esclarece: "No caso de clientes que operam todo mês, como é possível diluir o custo da taxa de corretagem, a isenção permanece". Quanto à segunda questão, até junho de 2009 não havia um ranking de corretoras com os custos de serviços para consulta. Mas isso não deve ser motivo para desânimo. Embora demande algum trabalho, vale a pena pesquisar, pois a concorrência é grande. Há inclusive corretoras que deixam você escolher o valor que deseja pagar a título de taxa de corretagem. ✓

6

Quais os principais erros a evitar?

52 Não entendo praticamente nada de investimentos, mas comecei a me interessar por suas matérias, sempre elucidativas. Outro dia recebi um link de um amigo e confesso que achei suspeito. Como esse amigo, deve haver mais pessoas inclinadas a acreditar no que me parece uma arapuca. Negócios assim são confiáveis?

Muito cuidado com links. Sempre que receber uma oferta de investimento por email encaminhe para a CVM no endereço **soi@cvm.gov.br**.

53 Existe a possibilidade de algum fundo brasileiro estar envolvido em escândalos como Madoff? Desconfio de um fundo que desde a abertura rendeu mais de 1.000% e, enquanto outros renderam pouco, rendeu 100%...

Tentativas de fraudes sempre vão existir, mesmo que aquelas tão grandiosas quanto a protagonizada por Bernard Maddof nos Estados Unidos, que eclodiu com a crise de 2008, sejam raras. Por isso, é muito importante que você se certifique da idoneidade dos agentes com que opera. Dois cuidados poderão ser de grande valia: sempre desconfiar de ganhos muito generosos e nunca operar com quem não tenha transparência. No caso Maddof, só escaparam da fraude os que mantiveram seus filtros de transparência operantes. Maddof não gostava de dar explicações. Os investidores não tinham como entender como ele conseguia registrar todo mês o ganho certeiro de 1%. Agora sabemos a razão.

54 **Mantenho de 30 a 40 % de meus investimentos em ações e sigo suas dicas com frequência. Se não me engano, em um de seus comentários você disse que é possível acessar a Carteira da CBN que você controla. Posso mesmo acessar a Carteira?**

Há dois erros nesta pergunta. O primeiro: eu não dou dicas de investimento. Aliás, se você quer ser um investidor bem sucedido, fuja das dicas. Prefira informações de qualidade. O que faço nos boletins é levar aos ouvintes os resultados de entrevistas com analistas, empresários, banqueiros, economistas, enfim, fontes variadas de informação qualificada. Dicas jamais. O segundo erro: eu não controlo a Carteira CBN. Esta é uma carteira virtual formada a partir de indicações de analistas feitas a meu pedido, cujo levantamento e desempenho eu acompanho – tudo para atender a solicitações de ouvintes desejosos de ter uma referência sobre a performance de uma carteira de ações. Portanto, eu não controlo ou opero as ações que compõem a Carteira, que sequer existe na realidade. No Capítulo 3 da primeira parte há mais informações sobre a Carteira CBN.

55 **Em 2005, ouvia você falar sobre a Geração Futuro e clubes de investimentos. Fiz pesquisas, acompanhei resultados, e decidi investir nesta corretora. Hoje possuo em torno de 450 mil reais entre fundos e um clube. Já tive 620 mil reais, mas continuo comprando. Meu objetivo é a aposentadoria, dentro de cinco ou seis anos. Por que você não fala mais da Geração Futuro, especialmente agora que se tornou banco?**

A Geração é uma importante fonte de informações para jornalistas, porque possui um bom time de analistas. Além disso, como cresceu muito e hoje é um banco de investimento, consegue também ser um termômetro do movimento no mercado de ações. Mas tanto a Geração quanto outras corretoras e bancos que costumo consultar são fontes para a matéria e não recomendação de investimento. Esta não é função do jornalista, que não pode indicar produtos, serviços ou um agente específico. Nosso trabalho é informar, mostrar quem são os atores deste mercado. Assim, sempre que ouvir um jornalista citar uma fonte, tenha a certeza de que ele apenas está dizendo de quem obteve a informação – não recomendando esta ou aquela corretora ou banco.

56 Existe algum site em que se possa simular operações simples de compra e venda de ações na Bolsa? Quero fazer um teste, e saber como me saio, antes de decidir se parto para a coisa séria. Gosto da matéria, ouço comentários e várias vezes meus chutes dão certo.

A Bolsa tem um simulado. A inscrição é gratuita no site **www.bovespa.com.br**. Ali você opera como se tivesse de fato comprado ações e acompanha os preços do mercado real. É tudo virtual, para você treinar. Mas muito cuidado com os "chutes". Quando for para o mundo real, procure se informar, ler relatórios de economistas, de analistas, enfim, conheça as empresas e diversifique sua carteira para equilibrar o risco de seu investimento. Chutes dados a esmo podem até bater na trave, mas raramente emplacam um gol.

57 Estou assustado com a quantidade de emails que você recebe falando das lambanças que estão fazendo na Bovespa. Mara, eu não sou especialista, mas também não faço loucuras – e mesmo assim estou vendo minha carteira derreter. Há três anos tenho Petr4, Vale5, BBDC4, PIBB11 e CMIG4 – investimento de longo prazo, para 12 anos. Também tenho dinheiro em renda fixa, previdências privadas e num fundo multimercado – no qual, em cinco anos, perdas e ganhos estão balanceados. Sempre digo aos meus colegas de trabalho que perdem na Bolsa que se ganhar fosse fácil, ninguém iria trabalhar: ficaria apenas comprando ações na baixa e vendendo na alta...

Sim, recebemos muitos emails de ouvintes desesperados. Os erros mais comuns: alta concentração em ações, aplicação de dinheiro de curto prazo na Bolsa, e empréstimos para comprar papéis. Você tem boas ações, adquiridas em 2005 com a Bolsa já em alta, mas não no pico do primeiro semestre de 2008. Petrobras, Vale, Bradesco, Cemig e PIBB (de que falamos mais na Primeira Parte do livro, Capítulo 17), são todas bem avaliadas pelos analistas. Isso significa que levará menos tempo para recuperar suas perdas. E o conselho que você dá a seus amigos é de fato bom. Quando ganhar dinheiro com seu investimento lhe parecer fácil demais, reavalie o risco.

58 **Troquei de emprego há um ano e investi parte do dinheiro de minha rescisão em ações da Vale no fundo de ações Banco do Brasil. Com o colapso econômico, o que seria melhor fazer? Retirar o que sobrou de 30 mil reais e aplicar, por exemplo, numa caderneta de poupança, ou ficar à mercê da sorte e do retorno do bom humor do mercado? Se eu decidir esperar poderei perder tudo?**

Se trocou de emprego, aplicou os recursos da rescisão em ações, e tem outro emprego – portanto não precisa do dinheiro investido e pode esperar para vender suas ações –, por que não aguardar um momento de alta? Afinal, estamos em plena crise em outubro de 2008, e definitivamente esta não é a melhor ocasião para um resgate. Mas veja bem: dinheiro de rescisão só deve ser investido em aplicações de risco se não for necessário à sua sobrevivência, ou seja, se você estiver empregado e contar com investimentos mais conservadores. Assim, se está desempregado, tomou a decisão errada ao aplicar em ações. A alternativa que lhe trará menor prejuízo é, lentamente, em momentos favoráveis, ir vendendo seus papéis e transferindo os recursos para a renda fixa – de onde o saque, para garantir seu sustento, será mais fácil. Você teria errado também, e isso é bastante comum, se tivesse investido em um negócio próprio. É importante diversificar. Mas negócio próprio tem um risco altíssimo, porque a taxa de mortalidade de empresas no primeiro ano de vida é incrivelmente elevada.

59 **Estou na iminência de ser demitido e receber indenização de 20 mil reais. Descontados gastos com faculdade e pagamento de dívidas, consigo separar cinco mil reais e gostaria de operar como Home Broker. Detalhe: não sei nada desse universo. Sei que o preço das ações está baixo, pode cair mais, e este é um bom momento para quem sabe esperar – melhor do que entrar na alta.**

Se você vai ser demitido este não é o melhor momento para investir em ações. Esta é uma aplicação de risco e você poderá precisar do dinheiro. Além disso, o Home Broker requer conhecimento e, como você diz, não sabe nada deste universo. É melhor se preparar antes de operar. Em um ponto você tem razão. De fato, comprar na baixa é um excelente negócio. Mas, ainda assim, é preciso prestar atenção para evitar assumir muitos riscos de uma só vez.

60 Depois de clonar a Carteira CBN com perdas, tentei operar como especulador. Tomei prejuízo. Conversando com minha esposa, disse que, se tivesse aplicado de verdade, teríamos perdido o equivalente ao valor do nosso carro e eu estaria desesperado. Então, descobri que estava fazendo coisas que um investidor não deve fazer. Depois li seu post que fala sobre confiança e intuição. Você acha que se deve usar intuição ao investir? Ouvir os analistas? Ou um pouco de cada?

Eu não uso a intuição nos meus investimentos. Utilizo informação, foco nos meus objetivos e tento, na medida do possível, ser racional. Sobre ouvir analistas: sempre. Você pode não concordar com o que eles dizem, mas não perde nada em conhecer o que estão pensando sobre as empresas e o mercado. Para reavivar a memória, o post citado, que tratou de confiança e intuição, recomendava cuidados. Seu texto é o seguinte:

Um estudo do brasileiro Murillo Valverde Lima, da Fundação Getulio Vargas, faz uma boa análise das finanças comportamentais. O trabalho é de 2003. Muita atenção quando ele fala sobre o excesso de confiança. "A maioria dos investidores, ao contrário do que eles mesmos acreditam, não consegue vencer o mercado", diz Lima.

A íntegra do estudo está no blog: **http://colunas.cbn.globoradio.globo.com/maraluquet/**

61 Tenho ações da Petrobras e da Vale com perda significativa, pois comprei os papéis em novembro de 2007. Estamos em outubro de 2008. Pretendia que essas ações fossem para o pagamento de um imóvel que ficará pronto em abril 2010!!!! Devo ficar quieto ou vender, quitando parte do imóvel?

Veja, você comprou ações num mercado em alta com um dinheiro que tinha data para resgate e, o que é pior, num prazo relativamente curto (pouco menos de três anos). Correu muito risco! O racional é que, sempre que tiver uma dívida a vencer, você vá resgatando dinheiro da renda variável e transferindo para a renda fixa. Agora, quando o mercado está num de seus momentos de maior pânico, você cogita vender? Está errado! A recomendação dos analistas é de que os resgates sejam feitos paulatinamente, de preferência nas altas que ocorrem de tempos em tempos.

62 Sou servidor público e professor universitário. Como me mantenho com a renda do Estado, resolvi fazer alguma coisa com a mísera quantia que recebo como docente. Primeiro comprei uma quitinete em parcelas mensais. Ela está quitada e alugada, e a renda que me proporciona corresponde a menos de 1% do valor que investi – o mesmo que a caderneta. Está certo que tem a valorização do tijolo, mas acho pouco. Então comecei a aplicar na Bolsa. Comprei Vale, Petro, e um tal de mix, um pool de várias empresas. Pergunto: tem coisa melhor por aí?

Você dá poucos detalhes, mas aparentemente seu investimento está fortemente concentrado em ações. Além da Bolsa, sua única aplicação é o imóvel. Por maior que seja seu apetite por risco, e por mais longo que seja o prazo de suas aplicações, a recomendação unânime dos analistas é a manutenção de parcela do investimento em renda fixa, com liquidez, ou seja, ao alcance da mão em caso de necessidade. Dessa forma não se corre o risco de ter de resgatar ações a qualquer preço. No mais, Vale e Petrobras são duas grandes empresas. Suas ações, verdadeiras bluechips, estão entre as mais negociadas na Bolsa. A aplicação é uma escolha de baixo risco. A coisa complica quando você fala no "tal de mix", com ações de empresas cujos nomes parece desconhecer. Investir no escuro é um problema. Talvez haja coisa bem melhor por aí... ✓

Glossário

bluechips - a expressão indica papéis de primeira linha, ações ordinárias de empresas nacionalmente conhecidas, com excelente reputação e histórico de lucros e pagamento de dividendos crescentes.

7

Onde estão as ofertas de ocasião?

63 Sou investidor da Bolsa desde 1999. Depois de vivenciar muitos altos e baixos, aprendi que a Bolsa realmente é lugar de investimento no longo prazo. Assim, tenho uma carteira de longo prazo, sem contar ações que ficarão para os netos, como se diz. Há algum tempo venho refletindo sobre a Copa do Mundo de 2014, no Brasil, que com certeza demandará bastante investimento. Gostaria que vocês me ajudassem a analisar ações, companhias ou setores da economia que tendem a se beneficiar com a Copa. Acho que o assunto vai interessar muita gente. Afinal somos, ou fomos, o país do futebol.

Nunca é demais repetir que eu e Sardenberg não podemos indicar ações. Mas sua observação é realmente excelente. A movimentação para a Copa de 2014 sem dúvida irá beneficiar setores como o hoteleiro. Investimentos em infra-estrutura também deverão favorecer os resultados de várias companhias. Pedimos que duas corretoras fizessem indicações de ações com chances de valorização. Estas indicações, é claro, não garantem resultado positivo. São possibilidades que consideram os investimentos a serem feitos para que o Brasil possa sediar a Copa do Mundo de Futebol de 2014 – e os lucros resultantes dos visitantes que o país receberá com o evento. Verifique o que pensam os analistas na tabela da página seguinte.

Oportunidades de gol

Carteiras de ações que podem se beneficiar com a Copa de 2014 *

GRADUAL INVESTIMENTOS		SPINELLI S.A.	
Empresa/Ação	Código	Empresa/Ação	Código
B2W Global ON	BTOW3	Banco do Brasil ON	BBAS3
Bematech ON	BEMA3	Brookfied ON	BISA3
BR Malls ON	BRML3	Cosan ON	CSAN3
CCR Rodovias ON	CCRO3	Cyrela ON	CYRE3
Gerdau PN	GGBR4	Marfrig ON	MRFG3
Itaú Unibanco PN	ITUB4	Petrobras PN	PETR4
Klabin PN	KLBN4	Vale PNA	VALE 5
Met. Gerdau PN	GOAU4		
MRV ON	MRVE3		
NET PN	NETC4		
Petrobras PN	PETR4		

** as indicações foram feitas pelas corretoras Gradual Investimentos e Spinelli S.A., Y e compõem carteiras virtuais, ou seja, que não existem na realidade e não estão em oferta no mercado*

64 Sou conservador e tenho cerca de 10 mil reais na poupança. Quero diversificar e pretendo manter as aplicações por pelo menos oito meses. O que é melhor: ações ou fundos de renda fixa?

Com a queda na taxa de juro, a caderneta de poupança passou a competir fortemente com os fundos de renda fixa, pois não tem taxa de administração e é isenta de imposto de renda. Portanto, pense bem antes de tomar uma atitude. De todo modo, uma aplicação de curto prazo, tem de ser concentrada em renda fixa. Um fundo só será compensador se cobrar taxa inferior a 1%.

65 O mercado me parece mais atraente e acredito numa tendência de recuperação. Se o aporte externo voltar, você acha o BVMF3 interessante?

A entrada de estrangeiros sempre favorece a alta, porque há mais dinheiro comprando ações. Se você acredita nesta perspectiva, é possível que as ações da Bolsa (BVMF3) se beneficiem, pois boa parte da receita da Bovespa vem dos emolumentos cobrados sobre as negociações. Leia o Capítulo 4 da primeira parte do livro onde explico melhor como opera a BM&F Bovespa.

66 Sou estudante de Direito, tenho 22 anos e moro no interior de Minas Gerais. Busco opiniões para aplicar o que venho guardando e garantir independência financeira. Uma vez ouvi: "Não trabalhe pelo dinheiro, deixe que ele trabalhe por você". Mas uma questão tem me atormentado: é melhor investir em eucalipto ou na Bolsa?

Que pergunta difícil!!! Só você poderá respondê-la, depois de analisar os riscos e perspectivas de cada investimento. Há algumas questões em relação ao eucalipto e à Bolsa: Qual o risco? Qual a perspectiva de crescimento do mercado? Qual a liquidez – ou seja, com que rapidez você pode converter o investimento em dinheiro? Note que as duas aplicações não precisam ser excludentes. Você pode distribuir seus recursos, o que é recomendado por analistas e consultores. Além disso, deve ter uma parcela em renda fixa, aplicação mais conservadora que vai lhe dar conforto para suportar os riscos de outros mercados.

67 Trabalho na ArcelorMittal, maior grupo siderúrgico do mundo. O grupo está nos oferecendo seus papéis em Nova York, com limite de 200 ações, sendo as 100 primeiras com 15% de desconto, e as demais com 10% de desconto, em três parcelas. É uma boa oportunidade?

Como todo investimento em ações, feitas as contas o que vale no longo prazo é a qualidade da companhia. Se esta é uma boa empresa, lucrativa e com perspectivas positivas, claro que a oferta deve ser considerada. Afinal, as condições para que você compre as ações são especiais, inclusive com desconto em relação ao preço de negociação no mercado. E você, que trabalha ali, é observador privilegiado. No entanto, tome alguns cuidados:

1. Não concentre sua carteira nestas ações. Isso porque se acontecer alguma coisa negativa com a empresa, suas economias e seu emprego podem evaporar ao mesmo tempo.
2. Acompanhe a evolução dos investimentos e o que analistas independentes estão dizendo.

68 Tenho 35 anos, sou casado, e poupo para daqui a 20 anos. Sou gerente de uma empresa no Rio de Janeiro, e professor de cursos de MBA. Tenho imóvel e carro próprios. Sem considerá-los, minha alocação é 54% em investimentos conservadores, 18% em multimercados moderados, e 28% em ações e fundo de dividendos agressivos. Invisto mensalmente há quatro anos – há dois anos e meio em ações, com prejuízo. O que você acha de trocar 50% dos multimercados por metade Tesouro Direto e metade ações? E quanto ao PGBL? Tendo a achar que é para quem não tem disciplina e que sua única vantagem é a postergação do imposto de renda. No que diz respeito a investimentos em Bolsa, seria melhor comprar ações de excelentes empresas baratas, ou focar pesadamente em dividendos?

Se você mantém 50% de seus investimentos em ações, não tem perfil moderado. Se esta é a parcela que deseja dedicar a investimentos moderados, terá que reduzir a aplicação em multimercados. O Tesouro Direto é uma boa alternativa. Mas ao escolher um título, além do prazo, considere como o preço dos papéis, se pagam juros periodicamente, se você quer taxa pré ou pós-fixada. No site do Tesouro Direto (**www.tesourodireto.gov.br**) há uma ferramenta que apresenta perguntas e, de acordo com suas respostas, lhe mostra os títulos mais indicados. É melhor fazer o teste antes de decidir.

Depois você fala em planos previdenciários. O PGBL, sigla de Plano Gerador de Benefício Livre, é para quem faz a declaração de imposto de renda completa e pode usufruir do abatimento de 12% da base de cálculo. Se este não é o seu caso, opte por um VGBL (Vida Gerador de Benefício Livre). Mas note: você não conseguirá ter um fundo com uma carteira 100% em ações: o limite legal é de 49%. A escolha não tem relação com a disciplina de poupador. O indisciplinado também deixa de aplicar em planos previdenciários. Investe-se nestes produtos em busca de ganhos tributários no longo prazo. Por isso, só dinheiro de longuíssimo prazo deve ser direcionado a estas carteiras.

Para decidir sobre as empresas em que investirá para obter retorno em dividendos, recomendo a leitura de relatórios de vários analistas – conhecendo suas opiniões você poderá resolver com fundamentação e, portanto, com maior segurança. Sempre que estiver escolhendo aplicações, não perca de vista sua carteira total. As duas alternativas – dividendos e ações baratas de boas empresas – são excelentes. Avalie o que melhor completa sua carteira. Já tem ações de primeira linha? Em que quantidade? E boas pagadoras de dividendos? Está mais concentrada numa ou na outra? Responda e vai encontrar o caminho a seguir.

69 Um fundo de ações que acompanhe o Ibovespa pode ser uma boa opção para investimento num prazo superior a três anos; ou seria melhor comprar ações específicas?

Esta é uma pergunta recorrente. A maioria dos ouvintes escreve para saber: é hora de comprar ação? Que ações comprar? Das mais diversas formas, respondo: você é a única pessoa que pode dizer a sua hora de entrar ou sair da Bolsa. Acertar as altas e baixas da Bolsa é coisa para profissional. É claro que você pode se achar um expert no assunto, um sujeito bem informado ou simplesmente um cara de sorte, e desconsiderar esta recomendação. Mas não peça que eu sancione este comportamento. O melhor é encarar a Bolsa como um investimento de longo prazo. Então vamos lá. Você tem recursos disponíveis para investimentos de longo prazo? Já tem aplicações em renda fixa (mais conservadora) e pode, portanto, aplicar uma parcela em investimentos de maior risco, mas com maior potencial de retorno? Se você disse sim a essas questões e estiver vendo uma crise no mercado, considere comprar ações a baixo preço. Nada impedirá que os papéis fiquem ainda mais baratos, mas quando vier a alta você ficará maravilhado! Para isso, você precisará de coragem! São poucos os que têm apetite para risco no meio de uma crise!

70 Tenho 55% de minhas economias em um fundo de renda fixa que rende pouco mais de 0.8% ao mês. Os outros 45% gostaria de investir em fundos de ações. Seria melhor aplicá-los em fundos de empresas específicas ou em fundos que possuem carteira diversificada de papéis?

Ter uma carteira diversificada é uma recomendação constante dos analistas e consultores financeiros. Por isso, se você ainda não tem uma carteira diversificada de ações, é melhor começar por esta alternativa. No entanto, se você já tem uma carteira diversificada de ações e quer concentrar seus recursos num determinado papel, então considere os custos do fundo, pois você poderá comprar a ação diretamente a custo mais baixo. Lembre-se de que, ao investir em fundos, se contratam gestores profissionais e analistas que se encarregam de administrar as empresas que compõem a carteira e os investimentos feitos em cada uma delas. Assim, se você quer apenas uma ação, considere o custo e opte pela alternativa mais barata. O fundo de ações, neste caso, é competitivo quando o volume de sua aplicação é baixo.

71 **Gostaria de uma sugestão para uma aplicação de 100 mil reais que vou resgatar em abril de 2011 para quitação de um imóvel adquirido na planta. Tentei negociar um desconto com a construtora, mas como só me ofereceram 5%, estou achando melhor aplicar o dinheiro. O que seria melhor: Tesouro Direto, previdência privada, renda fixa?**

É interessante observar como o brasileiro não dá importância a uma taxa de 5%. Por conta da inflação alta e, depois, de mais de uma década de juros altos, nos acostumamos a dar pouco valor a percentuais de um dígito. Não é tão pouco assim os 5% de retorno garantido que a construtora lhe oferece! Você poderá aceitar e aplicar esses 5%, inclusive em mercados de maior risco, pois não terá obrigações futuras (como quitar o imóvel). Entretanto, quitar um imóvel na planta pode ser uma concentração de risco na performance da construtora. Então, talvez você faça melhor negócio em deixar seu dinheiro aplicado e ir pagando as parcelas. Mas, ainda que tenha mais de dois anos para resgatar a aplicação, o que, na avaliação de analistas, já permite considerar ações, lembre-se de que há prazo definido para o uso desses recursos e, se a Bolsa estiver em baixa, você poderá ter problemas. Assim, se dispensa grandes emoções financeiras, o melhor é concentrar na renda fixa. Você pode escolher um fundo de investimentos ou aplicar no Tesouro Direto, duas alternativas que podem ser muito rentáveis vis-à-vis o risco a que está se expondo. Se optar pelo Tesouro Direto, preste atenção ao prazo do título. Lembre-se: aplicações com mais de dois anos de prazo gozam de alíquota menor no IR. Uma aplicação na poupança, por exemplo, já lhe renderia 6% ao ano mais a TR e no Tesouro Direto pode encontrar papéis com taxas maiores. Nos dois casos aplicações bastante conservadoras, como exige a situação.

72 **Tenho aplicações em fundos da Petrobras e da Vale que renderam cerca de 50%. No mesmo período, o fundo de ações da construção civil do Banco do Brasil rendeu cerca de 150%. Você aconselha a troca?**

Eu não posso recomendar investimento. Isto é trabalho para analistas. Mas recomendo que você atente para duas premissas para as quais todos os analistas chamam atenção. A primeira: os maiores erros dos investidores são ambição e medo. A segunda: diversificação é um santo remédio para diluir riscos. ✓

8

Investir ou jogar na especulação?

73 **Por que a Bolsa de Valores está caindo seguidamente? Você não acha que isso é resultado de uma manobra de investidores estrangeiros, que puxam os preços para cima para vender e, quando os preços caem, voltam a comprar ações? O quadro da economia mundial não está muito favorável, mas tenho a impressão de que existe exagero, manipulação dos fatos que são realçados para influenciar as bolsas...**

Sempre vão existir investidores e especuladores. Esta é uma característica do mercado e a pressão que o segundo grupo pode fazer nos preços, em certas ocasiões, é um risco inerente à operação em Bolsa. O investidor não se preocupa com esses movimentos de curto prazo. Ao contrário, quando tem uma situação confortável e um entendimento real do risco, aproveita os momentos de queda para comprar boas ações a baixo preço. No caso específico a que você se refere, não sei se houve movimento especulativo. Houve, sim, uma forte entrada de estrangeiros na Bolsa, mas foi basicamente dinheiro de tesouraria de bancos, ou seja, dinheiro de curto prazo. Portanto, a queda pode ser apenas reflexo da saída desses estrangeiros.

74 **Após a crise financeira ainda há espaço para especuladores na Bolsa?**

Especuladores sempre vão existir. Eles montam e desmontam posições no curtíssimo prazo e encaram o mercado como um jogo. Este é um jogo perigosíssimo, contudo.

75 Primeiro vou contar uma história e depois farei uma pergunta... Tenho uma irmã que há alguns anos se viciou em jogos de bingo e, como é comum, acabou com todo seu patrimônio, chegando a tomar empréstimos para jogar. Em busca de tratamento para ela, encontrei pesquisadores da área psiquiátrica do Hospital das Clínicas da Faculdade de Medicina da Universidade de São Paulo (USP), que desenvolvem trabalho de análise e tratamento de casos de compulsão por jogos. Sua pesquisa, naquele momento, girava em torno de características sanguíneas que pudessem determinar a propensão para o jogo. Então fui chamado para um exame de sangue, e qual não foi minha surpresa ao ser informado de que eu, que nunca havia entrado num bingo, tinha a mesma propensão para o vício que minha irmã.

Finalmente chegamos à Bolsa de Valores, que descobri em meados de 2005. A partir daquele ano, tentei comprar e vender ações para maximizar ganhos (até houve alguns). A verdade, porém, é que só maximizei perdas (incrementadas nos mercados a termo e de opções), que aumentam a cada dia. Por mais que saiba que não será possível recuperar meu capital, e que esta não é a maneira correta de investir, tomo empréstimos para aplicar. Ou seja, me comporto no mercado exatamente como minha irmã no bingo. Pergunto: você sabe de alguma fonte de informação sobre compulsão por operar em Bolsa?

De fato, para alguns a Bolsa pode ser como um cassino. Você não está investindo e sim especulando. Aí é jogo, pura questão de sorte ou azar. Neste caso, é necessário recorrer a profissionais como os do Ambulatório Integrado dos Transtornos do Impulso do Hospital das Clínicas da Faculdade de Medicina da USP (**www.amiti.com.br**). Existe também a Associação Nacional do Jogo Patológico e Outros Transtornos do Impulso (**www.anjoti.org.br**). Ou procure serviço especializado em sua cidade, pois está jogando com sua vida, com seu futuro – o que ninguém deve fazer. Os mercados a termo e de opções são muito complexos e podem embutir risco ainda maior. Aqui vão algumas explicações para que você compreenda o universo em que está se aventurando.

Contratos futuros e a termo

Os contratos a termo e os contratos futuros são feitos entre duas partes que acordam um determinado preço para a ação ou outros ativos, para entrega numa data futura. As duas partes não desembolsam dinheiro no ato, mas assumem compromisso de compra e venda.

No caso do contrato futuro, o valor acertado no momento da negociação não é estático, mas reajustado diariamente. Esse mecanismo chama-se ajuste diário ou ajuste de fechamento, e acerta os preços para cobrir a variação dos valores. Como em muitas áreas, a operação apresenta mais riscos para os menos preparados. Se ocorre valorização da ação até a data agendada para o negócio, o investidor recebe a diferença, mas arca com prejuízo se o preço cai. Para assegurar o cumprimento do compromisso assumido, o investidor deposita na Bolsa uma margem de garantia, dinheiro que supre a obrigação de pagamento dos ajustes diários e inibe a inadimplência.

Opções

As opções são contratos derivativos que dão ao investidor o direito de comprar ou vender uma ação a determinado preço, em data específica.

Neste tipo de operação, duas pessoas negociam o direito de comprar (opções de compra) ou de vender (opções de venda) a ação. Se acredita que o preço de determinada ação vai subir, o investidor pode negociar o direito de comprar o papel por um preço pré-determinado (preço de exercício) na data do vencimento da opção Se a valorização ocorrer, ele pode exercer seu direito de compra pelo valor acordado (inferior ao atual), e, na sequência, vender no mercado à vista, realizando lucro. Já o vendedor, se não tiver a ação no vencimento, terá de comprá-la a preço mais alto e entregá-la pelo preço acordado, realizando prejuízo.

76 Tenho um valor em fundo de ações e vi derreter quase tudo. Agora que meu prejuízo está zerando, devo sair do fundo ou esperar obter algum ganho?

Esta é uma decisão pessoal! Você precisará usar esse dinheiro no prazo de um ou dois anos? Está confortável com o risco que assumiu? Quanto esse dinheiro representa na sua carteira total de investimento? Se vier uma nova onda de baixa, conseguirá esperar a alta ou terá de resgatar com prejuízo? É preciso refletir – só você pode tomar uma decisão! Mas pense bem: até agora você foi investidor. Nao vá cair na tentação de especular!

77 **Com a prestação de um apartamento para pagar, apliquei 25% do valor em ações e o restante em renda fixa e poupança, na esperança de que na data do pagamento meu patrimônio fosse maior do que a dívida. Formei uma carteira com Petro e Metais. O que fiz é comum? Você recomenda? Penso, ainda, em aplicar em ações de empresas menores, mais voláteis, mas com ganhos maiores. Porém, além da volatilidade, tenho receio da liquidez. As ações sobem, mas alguém compra?**

O que você fez chama-se especulação. Eu não recomendo esse comportamento, pois o risco de investir na Bolsa com uma obrigação de pagamento é muito alto. O problema das ações de baixa liquidez é que você poderá ter de esperar para vendê-las com lucro – bem mais do que se tiver ações de primeira linha. Especular com esses papéis é ainda mais arriscado do que as operações que você vem fazendo. Ao observar o comportamento das ações que comprou, entretanto, verifiquei que adquiriu papéis de boas empresas em um momento de baixa fortíssima. Entre primeiro de setembro de 2008 e primeiro de março de 2009, o resultado do Ibovespa foi de -31,4% e o das ações da Petrobras foi de -21,7%. Ou seja, você arriscou demais, mas teve sucesso ao ir contra a massa numa fase de pânico. É o que mostra o gráfico a seguir. ✓

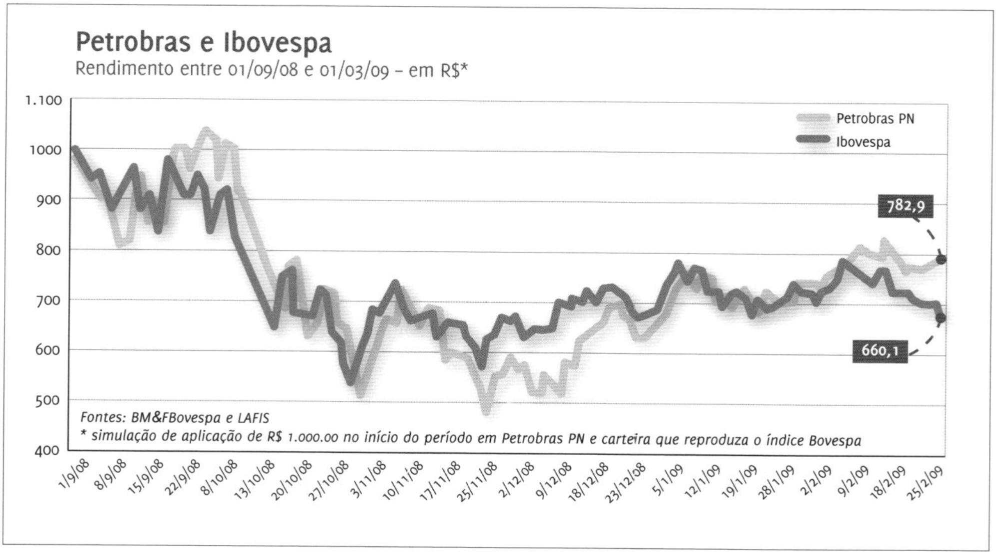

9

O que fazer em tempos de crise?

78 **Tenho 27 anos e, como milhares de brasileiros, perdi uma nota na Bolsa. Minhas perdas só não foram maiores porque invisto desde o final de 2006. Além disso, minhas aplicações estão 50% em renda fixa e 50% em renda variável. Aprendi direitinho, não foi?**

A diversificação é um santo remédio para diluir riscos e, por isso, os analistas insistem para que os investidores tomem este cuidado. Você está tranquilo porque fez a lição de casa, ou seja, só aplicou na Bolsa a parcela do dinheiro que não comprometeria sua saúde financeira caso a crise viesse. E sempre haverá crises – esta é uma das poucas certezas da Bolsa, e é preciso estar preparado para enfrentar os momentos difíceis. Como é jovem, você pode aplicar 50% da carteira em ações, percentual que no Brasil é considerado de perfil arrojado.

79 **Como consigo passar por esta crise sem me desesperar?**

Mantendo o foco nos seus objetivos. A Bolsa é apenas um instrumento de acumulação de capital. Há vários outros – e se você é um investidor consciente, certamente tem uma carteira diversificada. Aproveite as oportunidades de baixa do mercado para comprar ações baratas e fortalecer sua carteira.

80

Em vez de desesperados, os poupadores não deveriam estar eufóricos? Quer ocasião melhor para ganhar dinheiro? Basta sangue-frio, coragem e disciplina. Estou aumentando minha exposição em Bolsa, pois acredito que ela deva se recuperar antes da retomada da economia. Quando isto ocorrer, será hora de reduzir a posição. De resto, é aproveitar os bons momentos com a família, que não têm preço.

Manoel Lois, diretor da corretora Spinelli, costuma dizer que, quando tem pouco dinheiro, o investidor deve torcer para que o mercado fique em baixa durante um longo tempo. Isso porque consegue comprar ações bem baratas, formar uma carteira robusta e esperar a alta.

81

A Bolsa de Valores pode quebrar? Posso comprar ações da Bovespa e ficar no prejuízo? Não vejo como Petrobras ou Vale falirem, mas se a Bovespa quebrar, como fica? Por que a Boverj quebrou?

Em tese sim, a Bolsa pode quebrar, pois é uma companhia aberta, ou seja, com ações em mercado, como outras empresas. No entanto esta é uma hipótese remota. Para que a Bovespa quebrasse, seria necessário, antes, que a maior parte das empresas negociadas ali quebrasse simultaneamente, pois são as negociações que geram receita para a Bolsa. Outra possibilidade seria uma grande quantidade de corretoras de valores, em um determinado momento, não conseguir honrar os pagamentos referentes às operações de compra de ações. Algo semelhante ocorreu com a Bolsa do Rio, a Boverj, em 1989. Ela quebrou devido a uma cascata de empréstimos e alavancagens não honrados. Na época era comum que grandes investidores comprassem ações com dinheiro tomado em bancos, e as vendessem por preço maior antes do pagamento da dívida. Então houve corte no financiamento. Um grande investidor não honrou os pagamentos e provocou enormes prejuízos a corretoras. Elas, por sua vez, não pagaram a Bolsa do Rio – que quebrou. Hoje, a possibilidade de haver uma quebra generalizada das corretoras é longínqua. Foi instituído um mecanismo pelo qual, se o vendedor das ações não receber o dinheiro, os papéis voltam para ele. As ações trocam de mãos em D+2, ou seja, dois dias depois de fechado o negócio, e o vendedor recebe o dinheiro em D+3, o terceiro dia.

82 **Gostaria de saber em que condições uma determinada ação pode chegar ao valor zero, e se isso é comum.**

Não é comum, mas pode ocorrer, por exemplo, no caso de uma empresa falir. Não havendo mais empresa, as ações passam a não ter mais valor.

83 **Será que a Bovespa pode reagir se os meios de comunicação deixarem de publicar notícias tão negativas? Estou muito preocupado...**

É claro que a descoberta e a divulgação de um escândalo impactam os negócios, Mas o que move o mercado no longo prazo são os fundamentos das empresas e da economia, a expectativa dos investidores em relação ao futuro – não apenas notícias de jornais.

84 **Levando em consideração o atual cenário econômico, qual postura é aconselhável: comprar ações de primeira linha ou entrar no financiamento de um imóvel? Por gentileza, informe o que devo fazer.**

Veja, você está diante de duas alternativas diametralmente opostas. No primeiro caso, fala de investimento em ações, aplicação de maior risco que visa o longo prazo. No segundo, trata-se de tomar um endividamento. A decisão depende fundamentalmente de seu objetivo. Você paga aluguel e quer comprar uma casa? Ou quer investir para garantir uma melhor aposentadoria, e enxerga como oportunidade um imóvel adquirido a juro baixo? Para decidir é fundamental responder a seguinte pergunta: o que eu quero com meu investimento? Conforme a resposta, poderá ser aconselhável a compra de ações, a compra de um imóvel – ou mesmo ambas.

85 **Estou desesperado. Perdi 45% de meu capital na Bovespa. Possuo um imóvel que coloquei à venda para adiantar o pagamento de outro, e deixar de pagar juros. Além disso, tenho uma reserva de 75 mil reais que gostaria de investir para recuperar o prejuízo. Continuo na Bolsa? Com Petro? Vale? Cemig? Aplico tudo num mesmo papel?**

Ponto número um: o desespero só atrapalha. É claro que é muito difícil ser racional vendo seus recursos perderem valor a cada dia. No entanto, sentimentos de perda, raiva, angústia e, principalmente, depressão não ajudam. Ao contrário, contribuem para que você tome decisões precipitadas. Assim, o primeiro passo é se livrar do desespero. Há muitos estudos publicados sobre esse tema – falamos sobre um deles no Capítulo 16 da primeira parte do livro. Algumas sugestões dos estudiosos para driblar a dor e retomar a racionalidade: faça exercícios físicos, concentre-se na sua família, esteja focado nos seus valores pessoais. Ponto número dois: a Bolsa é onde, provavelmente, você conseguirá recuperar seu prejuízo. Ao comprar ações em momentos de estresse, você paga barato, e suas chances de obter ganhos com a volta da alta aumentam muito. Por fim, diversificação é um santo remédio para diluir riscos! O gráfico a seguir simula os resultados que você teria obtido se, como sugeriu, tivesse investido em ações da Petrobras, da Vale e da Cemig.

Um santo remédio

Simulação de resultados de uma carteira diversificada de ações – em R$

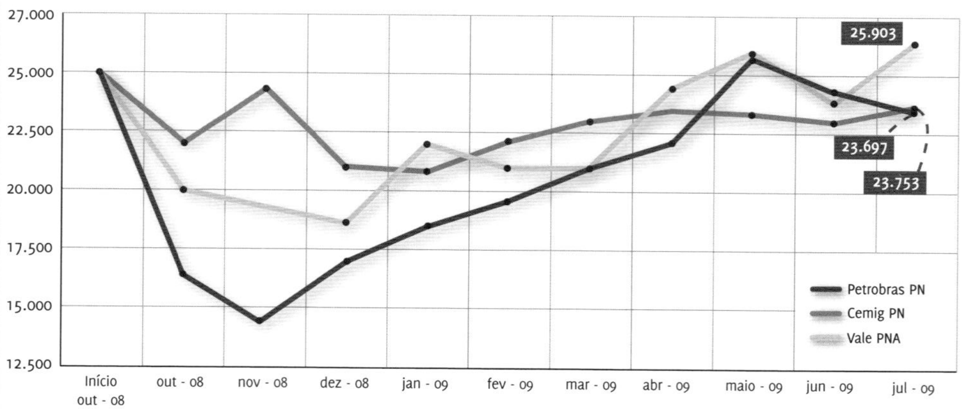

Fontes: BM&FBovespa e LAFIS

** rendimento no mês, da aplicação de R$ 75.000,00 - R$ 25.000,00 em cada ação, em valores nominais*

86 Tenho um ano de experiência em investimento em ações: 50% do meu patrimônio estão em um fundo da Geração Futuro (Programa do FIA) e em papéis de 1ª e 2ª linhas. Este dinheiro é uma reserva para o futuro, meu e de minha família. Tenho tolerância ao risco e perfil de moderado a agressivo. No entanto, considerando minha dificuldade em entender os rumos da macroeconomia, sinto-me insegura sobre manter este percentual dos meus recursos em renda variável. Hoje ouvi na CBN uma entrevista com uma pessoa da Tendências Consultoria, na qual se afirmou que este momento não é de crise, mas de ajuste de preços. Isso significa que os preços das ações estavam fora da realidade? Devo alterar minha estratégia de investimento?

O fato de investir no longo prazo não significa que você deva descuidar das aplicações no curto e no médio prazos. O questionamento é importante nos momentos de crise e também nos de euforia. Especialmente porque se você fica nervosa com a temperatura do mercado, seja ela qual for, poderá sofrer barbaramente se o clima piorar – o que é uma possibilidade sempre presente. Sua estratégia deve ser alterada se a crise estiver tirando seu sono – pois nada substitui um sono tranquilo. Também deve mudar se você precisar do dinheiro no curto ou no médio prazo, ou se não estiver confortável com as empresas das quais é acionista. Caso contrário, mantenha sua posição. Isso porque, quando investe em ações, você se associa a empresas – e são elas que devem ocupar sua atenção.

Há, portanto, dois fatores a considerar: um é a porcentagem de seu patrimônio investido em renda variável, outro é a escolha das empresas cujas ações compõem sua carteira. Quanto ao primeiro, avalie a qualidade de seu sono. Em relação ao segundo, veja: mesmo no longo prazo, uma empresa que perde consistentemente valor de mercado, tem sucessivos prejuízos e está num setor que tende a desaparecer, é um péssimo negócio. Companhias que foram estrelas da Bovespa nos anos 1990, como Casa Anglo e Mesbla, já não existem. Portanto, informe-se e escolha com cuidado. Se julgar conveniente, mude a composição de sua carteira.

87 Por que a Bovespa, em nível percentual, sempre cai ou sobe mais do que as bolsas pelo mundo, principalmente as americanas e europeias?

Porque bolsas de mercados emergentes tendem a ser mais voláteis do que as de economias mais maduras, como a americana e as da Europa. Isso porque nos mercados emergentes há mais incertezas (em relação ao desempenho das empresas, ao gerenciamento da economia do país e à capacidade de resistência a abalos externos, entre muitos outros fatores), do que nos países mais desenvolvidos. O gráfico abaixo mostra que, de fato, há grande diferença entre a variação das bolsas de Nova York, nos Estados Unidos – uma economia madura – e de São Paulo, num Brasil que ainda é uma economia emergente.

Volatilidade comparada

Variação das bolsas de Nova York e de São Paulo – em %

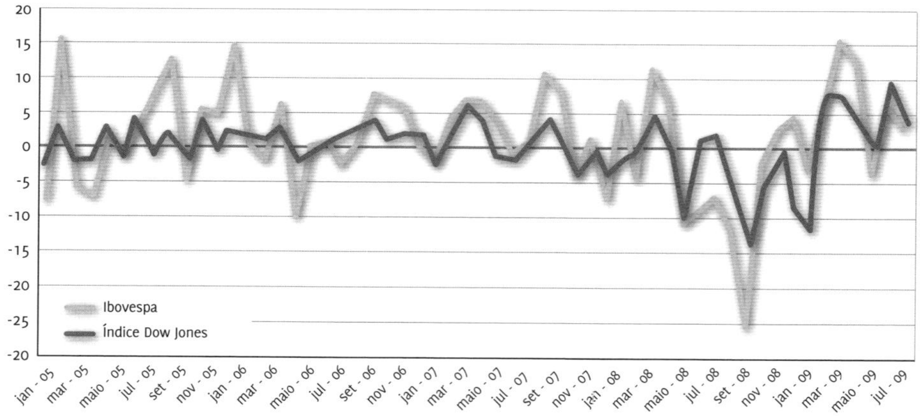

Fontes: BM&FBovespa, Dow Jones e LAFIS

88 **Sou integrante de uma família de classe média, de Londrina, Paraná. Possuímos investimentos em PGBL e VGBL. Acompanho regularmente as notícias, mas elas são tantas, e se alteram a cada instante, que chegam a confundir. O que temos não é muito e, tendo em vista os acontecimentos de nossa história (como o caso das poupanças no governo Collor), estamos aflitos. Devemos comprar imóveis ou fazer outros investimentos?**

Especificamente em relação ao PGBL e ao VGBL, leia os capítulos "Como garantir uma aposentadoria tranquila" e "Onde estão as ofertas de ocasião", desta segunda parte do livro. No mais, posso lhe auxiliar com alguns conselhos que são unanimidade no mercado financeiro. Quando você troca de investimentos em meio a uma crise, há grande chance de ter prejuízo. Tentar adivinhar a tendência dos mercados é um jogo perigoso. Por outro lado, você pode comprar ativos baratos. O que costuma ocorrer entre investidores é o contrário: vão justamente para ativos caros. Ninguém presta muita atenção ao dólar barato. Mas se ele se valoriza, muitos correm para comprar a moeda. Ação é outro exemplo. Muitas pessoas só começam a considerar a compra de ações quando a Bolsa está em alta. Todos ficamos confusos e apreensivos em meio a tanta notícia, mas é importante que você acompanhe o que acontece – por exemplo, não há razão para temer um confisco como o que você citou, do governo Collor, pois entre 2008 e 2009 nunca houve dúvidas a respeito da capacidade do Brasil de pagar sua dívida. Além disso, faça o dever de casa antes que as crises cheguem. Avalie sua carteira periodicamente (a cada seis meses ou um ano).

Para ficar confortável com suas aplicações, sempre que for avaliar sua carteira de investimento considere:

- Minha carteira está muito concentrada em aplicações de maior risco?
- O gestor da minha carteira (no caso de quem investe por meio de fundos de investimento) é confiável? Está cumprindo o regulamento do fundo?
- Tenho muita alavancagem nos meus investimentos, ou seja, corro o risco de, além de acumular perdas nas minhas aplicações, ser chamado a desembolsar mais dinheiro?
- Estou confortável com o risco de crédito das minhas aplicações em renda fixa? Ou seja, qual a chance de o emissor do papel dar calote?
- Tenho recursos disponíveis para resgatar no curto prazo caso necessite de dinheiro extra?

10

Perdi. E agora?

89 **No seu comentário na CBN você falou sobre valor em risco. Disse que, no mês, o fundo Petro poderia perder até 16%, o Vale 15%, e o PIBB 11%. Mas a queda de minhas aplicações foi maior: Petro mais de 22%, Vale mais de 17% e PIBB mais de 12%. O que aconteceu?**

Valor em Risco ou *Value at Risk* (VaR) é uma medida da probabilidade de perda que uma aplicação pode ter em um prazo pré-determinado. Os gestores de fundos costumam informar aos cotistas o VaR da carteira, ou seja, qual a perda máxima que o fundo pode ter num único dia – probabilidade calculada com base nos resultados diários registrados durante um intervalo de tempo. Se o gestor informa que o VaR do fundo é, por exemplo, de 8%, o aplicador pode supor que a perda "máxima" diária a que está exposto é de 8%. Para que esta informação seja mais efetiva, deve ser acompanhada de outra: sua significância. Assim, o gestor deve dizer: o fundo tem um VaR de 8% (ou seja lá qual for o percentual) com 95% de significância. O investidor saberá, então, que poderá perder até 8% e que a chance de que a perda seja superior ao que foi previsto é de 5%. No entanto, o VaR é uma projeção calculada a partir de dados do passado – e as previsões podem falhar se o futuro tiver pouca relação com o que ocorreu no passado. Finalmente, convém salientar que o VaR é sensível, podendo oscilar bastante de um dia para o outro. Ou seja, o VaR é uma sinalização, mas há espaço para que a perda supere o previsto. Foi o que ocorreu no seu caso.

90 **Tenho aplicações em fundos de ações (Vale e Petrobras). Já perdi muito e confesso que estou desesperado e não sei o que faço. Penso em resgatar o que resta e comprar ações diretamente.**

Resgatar de um fundo para comprar as mesmas ações diretamente não faz muita diferença. A não ser que você não confie no gestor do fundo. Aí é outra história. Avalie se o desempenho do seu fundo está na média do mercado. O gestor está entregando resultados compatíveis com o mercado? É bom averiguar sua estratégia. Não está tomando riscos excessivos?

91 **Tenho cotas do fundo Geração Programado FIA. Como só perdi parei de fazer aportes. É vantajoso continuar investindo mesmo perdendo?**

Você só fez aportes quando a Bolsa estava em alta. Deixou de aplicar quando ela caiu. Desta forma, sua carteira terá preço médio bem mais alto do que se tivesse comprado na alta e na baixa, ou tivesse concentrado suas compras na baixa. Este é o maior desafio: comprar na baixa. É difícil ver o patrimônio se reduzir. Mas respire fundo e continue a fazer seus aportes regularmente.

92 **Devemos continuar, vendo o desmoronamento das bolsas, ou tentar uma alternativa para proteger os investimentos? Pelo visto, a situação é mais decorrente do terror psicológico do que da situação econômica real...**

A crise deflagrada pelas hipotecas americanas não foi simples e nem consequência de terror psicológico. É claro que quando ocorre uma crise, o pânico contagia até investidores que estão em aplicações mais conservadoras. Você deve avaliar sua situação para saber se pode esperar passar o pânico ou se precisa tomar medidas urgentes para proteger seu patrimônio. Reflita. Você tem fôlego para aguardar o melhor momento de resgatar suas aplicações? Corre o risco de precisar de dinheiro se ela se prolongar? Ninguém sabe quando uma crise começa ou termina. Alguns poucos conseguem farejar mudanças acompanhando fluxos de capitais, indicadores macroeconômicos, etc. Portanto, a melhor proteção para seus investimentos é a diversificação. Tenha sempre uma parcela em aplicações conservadoras. ✓

11

Agir com racionalidade dá resultado?

93 Aos 35 anos, solteira, sem filhos (um cachorro, na verdade), tenho uma empresa pequena, um terreno, um apartamento próprio e outro alugado. Tenho carro e moto quitados e não tenho empréstimos ou dívidas. Meus investimentos: 12 mil reais em previdência privada, 10 mil reais em caderneta, 10 mil reais em CDB, e oito mil reais em um fundo de ações da Geração Futuro. A queda da Bolsa não me preocupa, pois sei que voltaremos a ter excelentes ganhos. Quando entrei, um ano e meio atrás, tracei uma meta de 10 anos e faço minhas aplicações semanalmente, haja o que houver. Mas me preocupa a Geração Futuro. Pesquisei muito antes de entrar e gostei da carteira de ações. Posso confiar na Geração Futuro? Ela trabalha com alavancagem?

Seu email é uma aula de organização financeira! Você sabe tudo! Sua disciplina é primorosa. Não tem dívidas, tem uma carteira diversificada (imóveis, renda fixa e ações) e não está desesperada com a crise – ao contrário, percebe nela uma ótima oportunidade de fazer bons negócios. Além disso, tem uma preocupação muito pertinente. Quer saber se o fundo da Geração usa alavancagem. Alavancagem é um perigo! A melhor forma de se certificar do que o gestor pode fazer é ler o regulamento do fundo. Este é o documento que dá poderes ao gestor para fazer as operações que achar necessárias. Conversei com Edmundo Valadão, controlador do Banco Geração Futuro, e ele diz que sua filosofia é se associar a empresas que tenham valor. Que os fundos administrados pela Geração Futuro não utilizam alavancagem. De qualquer forma, certifique-se. Leia o regulamento e, se houver necessidade, peça que seja realizada uma assembleia de cotistas para alterá-lo – para que todos tenham segurança de que este instrumento não será utilizado.

94 A partir de outubro começo um projeto de investimento. Estou com 41 anos e, pela primeira vez em minha vida, consegui me organizar, ter dinheiro para gastos extras e emergenciais, e ainda algum recurso para investir no longo prazo (20 anos). Terei oito mil reais em outubro e poderei guardar dois mil reais por mês a partir de novembro. Pretendo usar o dinheiro do 13º salário e o das férias em outros projetos de curto e médio prazos (trocar o carro, viajar, etc.). Sou ouvinte assíduo de seus comentários na CBN e resolvi enviar esse email para colher uma opinião de quem sempre me transmite segurança.

Você se preparou, separou o dinheiro que poderia investir no longo prazo, e realmente começou bem na Bolsa. Comprou ações num momento de extrema baixa. Se fez o que planejou, deve estar bem feliz. Veja no gráfico a seguir quanto acumulou até final de junho de 2009. Eis aqui um exemplo da vitória da racionalidade sobre o desespero.

Organização e persistência
Resultado do investimento planejado no Ibovespa – em R$*

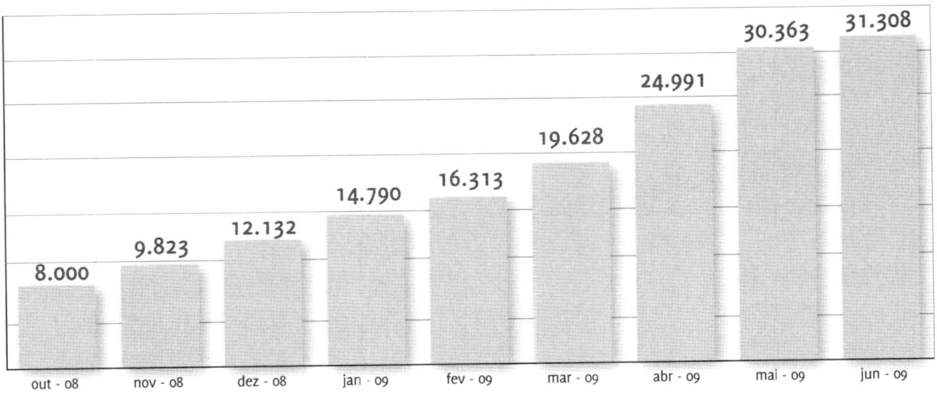

Fontes: BM&FBovespa e LAFIS
** simulação de investimento inicial de R$ 8.000,00 na Bolsa, no final de outubro de 2008, seguido de aplicaçoes mensais de R$ 2.000,00, até junho de 2009, em papéis cujo rendimento reproduza o resultado do Ibovespa – em valores nominais ao ano*

95 Sou servidora pública e como moro com meus pais tenho renda relativamente alta, com sobra de pelo menos 3.500 reais por mês, que deposito na poupança. Para aproveitar a queda da Bolsa, comprei ações. Como posso investir melhor considerando que pretendo ter sempre uma quantia para fazer viagens internacionais, trocar de carro em um ano e meio, dar entrada em um imóvel, não sei quando... Recursos que eu possa retirar a qualquer momento?

Saber quais são seus objetivos é o primeiro passo. Por quê? Porque você saberá qual o prazo de sua aplicação, informação crucial para construir uma carteira de investimentos adequada. Você falou em "recursos que eu possa retirar a qualquer momento". Nesse caso, a melhor alternativa é conservadora: a renda fixa (fundo DI, títulos do Tesouro, poupança, CDB pós-fixado). Quando fala na troca de carro em um ano e meio, já é possível pensar em renda fixa prefixada ou, considerando que a troca poderá ser adiada se o mercado estiver em baixa, você poderá dedicar uma parcela a ações. Por fim, vamos falar sobre "dar entrada em um imóvel, não sei quando". Como não há data para a compra, é possível dedicar esta parte dos recursos a mercados de maior risco, sempre tendo em mente que o resgate deverá ser feito no melhor momento. Quando decidir a data da compra, comece a migrar, aos poucos, para a renda fixa. O gráfico mostra a consequência da aplicação de três mil e quinhentos reais ao mês com taxa de retorno de 8% ao ano. Veja como vale a pena planejar, persistir e investir no longo prazo.

Planejamento e metas

Investimentos mensais resultam em acumulação de riqueza*

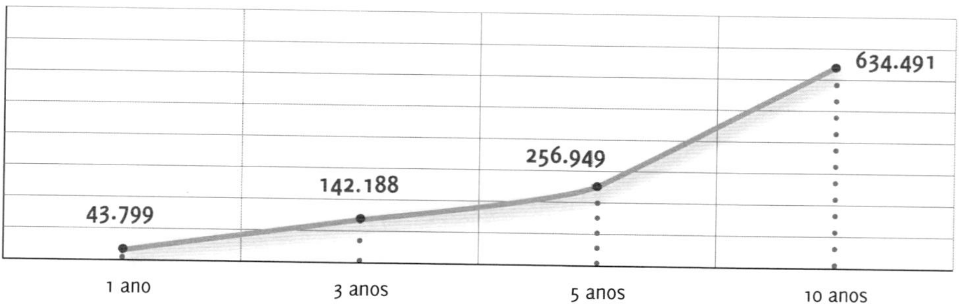

* *simulação de investimentos mensais de R$ 3.500,00 em aplicação que renda juro real de 8% ao ano*

96 **Sou estudante de Direito, tenho 22 anos, sou solteiro e disciplinado. Sei que conseguirei guardar 250 reais mensais por uma década sem sacar. Tenho 600 reais em um fundo de investimentos e 100 reais em um fundo de renda fixa de longo prazo. Em oito anos pretendo comprar um apartamento – e, calculo, vou precisar de 100 mil reais. Considerando que posso economizar e não tenho gastos com família e aluguel, é interessante a divisão de seis reais para ações e um real para renda fixa?**

O ponto mais importante em seu email é que você, ao contrário de muitos jovens, optou por se capitalizar. Em geral, quando passam no vestibular os jovens ganham presentes que drenam o patrimônio dos pais e tiram dos filhos uma ótima oportunidade de se prepararem para a vida adulta. Você está na melhor época para guardar dinheiro. Não tem pressão por gastos. Pode ter uma concentração maior em aplicações de risco, como as ações. Dessa forma, com pouco esforço conseguirá formar uma reserva para comprar um imóvel, financiar seu escritório ou empresa, ou para fazer as melhores escolhas profissionais sem ser pressionado por salário. Veja no gráfico um ensaio do rendimento do valor que você pretende poupar todos os meses, a uma taxa real de 8% ao ano.

Constância premiada

Capitalização com pouco esforço no longo prazo – em R$*

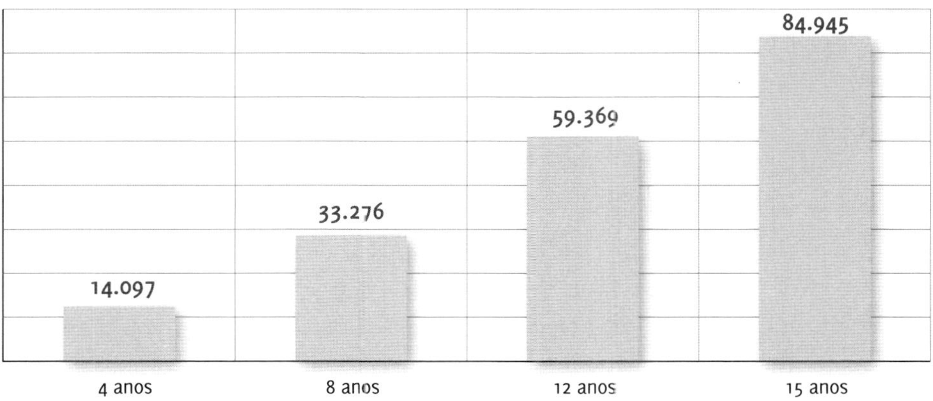

** simulação de aplicação financeira com aportes mensais de R$ 250,00 a uma taxa real de 8% ao ano*

97 **Tenho uma filha de seis anos de idade e gostaria de ir formando para ela um bloco de ações que rendesse dividendos. Isso porque acredito que o sobe-e-desce dos papéis estará dissipado em uma aplicação de longo prazo. Você poderia me aconselhar a respeito?**

Crianças e ações podem formar uma combinação de muito sucesso. Isso porque crianças têm o tempo a seu favor – e parte do sucesso de um investimento em Bolsa está relacionada ao prazo da aplicação e à disposição para esperar a valorização das ações. Além disso, este é um excelente caminho para iniciar crianças em conceitos econômicos – pois como elas se tornam "donas" de empresas, se interessam e entendem o mercado com facilidade. Na próxima questão há alguns dados que podem lhe ser úteis. Para saber mais, leia o Capítulo 19 da Primeira Parte do livro.

98 **Preciso de ajuda. Meus filhos nasceram. São trigêmeos e estou preocupado com seu futuro. Quando completaram 30 dias, depositei na poupança uma pequena quantia, de 285 reais, para os três. Quanto devo depositar por mês para, quando eles estiverem com 17 anos, eu ter como pagar faculdade de valor médio de 900 reais mensais? Em que aplicação devo manter o dinheiro?**

Este é um grande presente para seus filhos e também para você. Ao se planejar com antecedência, o esforço que terá que fazer será bem menor: precisará dispor de menos dinheiro para compor um patrimônio. Além disso, poderá buscar mercados de maior risco, como o de ações, porque o tempo se encarrega de diluir o risco. O melhor é ter uma carteira diversificada com uma parcela em renda fixa e outra em ações. A fatia de cada uma delas dependerá do seu perfil, ou seja, de você conseguir ver o dinheiro encolher em momentos de estresse de mercado. Quanto maior seu apetite para risco, maior poderá ser a parcela em ações, uma vez que seu horizonte de investimento é superior a dez anos. Na página seguinte, você pode verificar, na tabela, quanto é preciso investir mensalmente, considerando uma taxa de retorno de 8% ao ano, durante 17 anos, para obter um resgate mensal de 900 reais por quatro anos (tempo médio de um curso universitário). Depois, o gráfico é uma estimativa da evolução, em 20 anos, da aplicação que você já fez na caderneta de poupança – no valor de 285 reais.

Investimento nos filhos

Quanto aplicar mensalmente para garantir a universidade – em R$

Mensalidade	900,00
Duração	4 anos
Quanto aplicar no mês	**88,32**
Período de poupança	17 anos
Taxa de juro no ano	8%
Valor acumulado	**37.301,64**

Valor multiplicado

A evolução de uma só aplicação de R$ 285,00 em vinte anos – em R$*

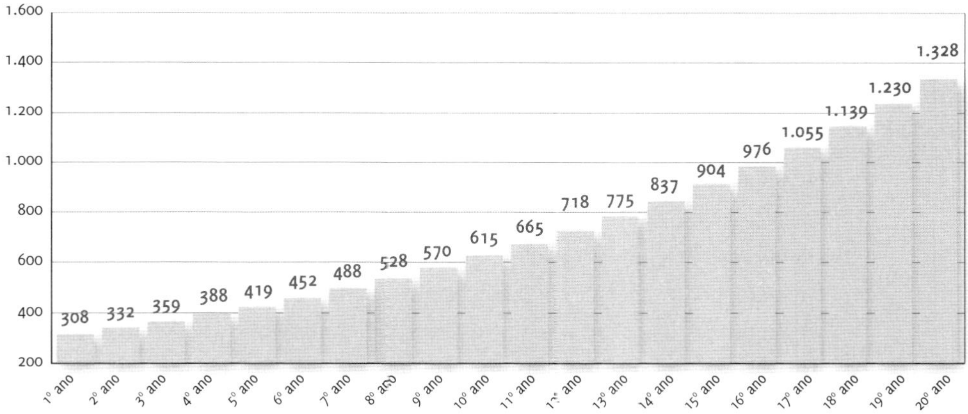

** simulação de investimento de R$ 285,00 em aplicação que renda taxa de juro nominal de 8% ao ano - o ensaio toma por base a taxa média dos últimos 5 anos. Em 20 anos, o juro e a inflação, entre outros fatores, podem podem provocar alterações no rendimento previsto para a caderneta de poupança.*

Sou estudante, tenho 22 anos e me preocupo muito com o futuro. Queria saber sua opinião sobre meu planejamento. Invisto 50% dos meus recursos em ações (*small caps* e de primeira linha), e 50% em renda fixa.

Sua carteira me parece bastante equilibrada para sua idade. Seria bom você procurar um consultor e confrontar seus investimentos e seus objetivos. Há questões importantes a verificar. Por exemplo. Você usará parte do dinheiro no curto prazo? A parcela em renda fixa é suficiente para um caso de emergência?

100 Hoje, enquanto realizava minha atualização diária sobre economia, mercado, e outras informações, me deparei com um artigo com este título: "A quantos pontos o Ibovespa encerrará 2009? Confira a projeção de 10 instituições". Logo comecei a refletir sobre o passado recente. Há pouco mais de um ano, quando o Brasil atingiu o grau de investimento, várias pesquisas indicavam índices estratosféricos para o Ibovespa. Curiosamente, as pesquisas nunca indicam um cenário negativo. Numa leitura rápida parece que a crise acabou. Olhando para frente vejo que, diante do cenário externo, a economia brasileira está bem, mas creio que as previsões que indicam que o pior já passou de alguma forma estão precificadas. Eu trabalho com três cenários. O pessimista considera dificuldades na melhoria da economia externa, principalmente devido ao alto nível de endividamento do consumidor americano, e à possibilidade de muitos investidores embolsarem lucros obtidos no primeiro semestre – nesse caso, o Ibovespa fecha 2009 a 45 mil pontos. O moderado baseia-se na possibilidade de a Bolsa andar de lado, com alternância de altas e baixas, o que levaria o Ibovespa a fechar o ano em 50 mil pontos. Num cenário otimista, os investidores estrangeiros voltarão ao Brasil, impulsionados por melhorias no quadro internacional, e o Ibovespa chegará a 55 mil pontos. Para cada um destes cenários tenho um plano de atuação na Bolsa – a ser executado conforme o que for se verificando. Acho interessante que, em seus comentários na CBN, você trate deste assunto: de que mais importante do que obter informações é saber tratá-las, trabalhar com elas, pois tenho a impressão de que muitos noticiários tentam atrair investidores imaturos com cenouras.

O interessante de seu email é que outros podem aprender com seu raciocínio. Você está certíssimo ao captar informações e traçar seus próprios cenários. Primeiro você se informou, depois analisou e, por fim, tirou suas conclusões. Este é o caminho mais adequado. Por melhor que seja a fonte de informações, ela não traz respostas definitivas sobre sua carteira de investimento. Esta é você quem constrói, e para tanto deve reunir boas informações sobre o mercado, as diversas classes de ativos, seus objetivos e sua capacidade de suportar riscos, entre outras. ✓

Arremate

Este livro foi planejado para ser lido como uma conversa, um bate-papo informal sobre como fazer para que a vida possa ser como desejamos. Não se engane. Não é um livro de auto-ajuda. É mais como um guia de viagem ou um manual de instruções ao qual você poderá voltar para novas consultas sempre que surgirem dúvidas em seu caminho.

Saber viver com prazer e alegria, num mundo em que muito pouco se faz sem dinheiro, é uma arte que não depende apenas de talento. Depende de se conhecer, de saber dos seus próprios gostos e limites, de buscar seus sonhos e, se possível, realizá-los. Não que seja fácil, mas com vontade e disciplina se pode aprender.

Para isso é bom que estudemos e trabalhemos em áreas que nos agradem. Que consigamos gastar menos no dia a dia do que ganhamos – para que seja possível poupar. E, mais especificamente, de que cuidemos de aplicar aquilo que poupamos para construir um patrimônio crescente, que nos dê segurança no presente, esperança no futuro e condições reais para a realização de nossos anseios.

Evidentemente estas páginas não são suficientes para dirimir todas as suas dúvidas e resolver todos os seus problemas. É claro, também, que não contêm o segredo ou a chave da felicidade. Não existe tal pretensão. Gostaríamos, sim, que ao final da leitura você se sentisse mais forte, mais bem preparado para encarar desafios. Que, a partir daqui, saísse em busca de novos esclarecimentos. Nossa intenção, em suma, é despertá-lo. Fazê-lo perceber que há alternativas às quais talvez você sinta que não tem acesso – e que, no entanto, são acessíveis. E instigar sua curiosidade para ir mais fundo, buscar novos conhecimentos, soluções inovadoras. Se nós conseguimos atingir este alvo, estamos realizados. Nosso trabalho frutificou, rendeu dividendos, por assim dizer.

Como jornalistas que há anos estudamos, pesquisamos e explicamos temas econômicos, tentando traduzir em imagens e palavras simples eventos complexos, podemos sintetizar nossas conclusões acerca do comportamento ideal em relação ao seu dinheiro nos seguintes itens:

- Não gaste tudo o que ganhe: são as sobras do seu orçamento que, bem investidas, vão aumentar sua riqueza.
- Conheça seus limites e seus projetos para melhor aplicar seus recursos e poder aproveitá-los.
- Quem se preocupa com seu patrimônio desde cedo, tem de fazer menos esforço para alcançar suas metas. Mas nunca é tarde para começar. Os sentimentos de fracasso, desânimo, desespero e depressão são seus inimigos – em qualquer situação, inclusive em matéria de investimento.
- Pesquise, com cuidado, as melhores alternativas de aplicação – e evite armadilhas.
- Tome decisões sozinho, baseado no conhecimento que tem de si mesmo. Mas nunca dispense pareceres de profissionais. Informações qualificadas podem levá-lo a tomar atitudes fundamentadas com maiores chances de sucesso.
- Investir, sempre, significa correr risco. Mas viver é um risco. Investindo com racionalidade, você reduz o risco a que se expõe e aumenta as perspectivas de uma vida mais próspera.
- A Bolsa de Valores é uma alternativa interessante e importante de investimento, à qual nós, brasileiros, não estamos acostumados a recorrer. Não há nada contra aplicações mais tradicionais e conservadoras como imóveis, caderneta de poupança ou renda fixa. Ao contrário. É fundamental diversificar. E justamente por isso vale a pena conhecer a Bolsa e destinar uma parte de seus recursos a ações, ou seja, tornar-se sócio de boas e promissoras empresas.
- Seja sério, disciplinado e responsável. A cada dia, é você quem escreve a história da sua vida. Não corra o risco de chegar à última página e se perguntar "De que valeu tudo isso"? "O que eu vim fazer aqui"? Seu livro não precisa ser um best-seller, ou uma enciclopédia infindável. Tem de ser seu e lhe dar a sensação de realização. Mesmo que as experiências fiquem em sua memória e jamais saiam dali para o papel.

Há palavras que usamos com frequência no correr da escrita deste livro. Atenção, cuidado, disciplina, perseverança são algumas delas. Você deve ter notado, também, que fazemos muitas perguntas – algumas para nós mesmos, outras para que você faça a si próprio. Isso porque o questionamento sempre leva ao raciocínio, ao entendimento. Portanto, questione-se.

Enfim, desejamos ter contribuído para sua consciência de sua própria importância. Para desanuviar e desassombrar seu horizonte. E, quem sabe, tê-lo inspirado a agir em favor da sua tranquilidade neste mundo tão instável e tão frequentemente surpreendido por cisnes negros. ✓

Mananciais de informações

As fontes por nós consultadas (especialistas em mercado financeiro, analistas, economistas e consultores), que dedicaram tempo e atenção para propiciar respostas mais claras e objetivas às perguntas feitas pelos ouvintes de nosso boletim na rádio CBN, foram as seguintes (em ordem alfabética):

Ágora Corretora: **www.agorainvest.com.br**
Rua Leopoldo Couto Magalhães Jr. 758, 1º andar
Itaim Bibi – São Paulo – SP; CEP: 04542-000
PABX: (11) 3704-2600

Banco Fator: **www.fatorcorretora.com.br**
Manoel Horácio, presidente
Rua Dr. Renato Paes de Barros, 1.017, 12º andar
Itaim Bibi – São Paulo – SP; CEP 04530-001
PABX: (11) 3049-9100

Bradesco Asset Management: **www.bradesco.com.br**
Herculano Alves, superintendente executivo de renda variável
Av. Paulista, 1450, 7º andar
Cerqueira César – São Paulo – SP; CEP 01310-901
PABX: (11) 2178-5757

Comissão de Valores Mobiliários: www.cvm.gov.br

Suzana Liskauskas - assessoria de imprensa; José Alexandre Vasco -superintendente de Proteção e Orientação a Investidores
Rua Sete de Setembro, 111, 2°, 3°, 5°, 6° (parte), 23°, 26° ao 34° andares
Centro - Rio de Janeiro - RJ; CEP - 20050-901
Telefone: (21) 3554-8686
As respostas foram fornecidas pelos servidores da CVM no exercício de suas atividades

Concórdia Corretora: www.concordia.com.br

Eduardo Kondo, analista de empresas
Rua Líbero Badaró, 425, 23º andar
Centro – São Paulo – SP; CEP: 01009-905
PABX: (11) 3292-1400

Credit Suisse Hedging Griffo: www.cshg.com.br

Luis Stuhlberger, gestor
Av. Presidente Juscelino Kubitschek, 1830, Torre IV – 7º andar
Itaim Bibi – São Paulo – SP; CEP: 04543-900
Telefone: 0800 558 777

Fundação Cesp: www.prevcesp.com.br

Jorge Simino, diretor de investimentos e patrimônio.
Telefone: 0800 012 7173

Geração Futuro: www.gerafuturo.com.br

Ana Clara Monteiro Rodrigues, gestora; Edmundo Valadão Cardoso, sócio e diretor; Amilton Bardelotti, diretor; Priscila Fracari Vargas, superintendente comercial; e Wagner Salaverry, sócio e diretor.
Av. Paulista, 287, 10º e 11º andares
Cerqueira César, São Paulo – SP; CEP: 01311-000
PABX: (11) 2137-8888 / (11) 3524-8888

Gradual Corretora: www.gradualinvestimentos.com.br

Fernanda Lima, diretora-presidente, e Paulo Roberto Esteves, analista.
Av. Juscelino Kubitschek, 50 - 6º e 7º andares
Itaim Bibi - São Paulo – SP; CEP: 04543-011
PABX: (11) 3372-8300

Icap Brasil: www.icapbrasil.com.br

Paulo Levy, diretor de varejo; Luciana Gravina assessoria de imprensa.
Rua São Tomé 86, 21º andar
Vila Olímpia – São Paulo – SP; CEP: 04551-080
Telefone: (21) 3956-4200

Itaú Corretora: www.itautrade.com.br

Av. Brigadeiro Faria Lima, 3400, 10º andar
Pinheiros – São Paulo – SP; CEP: 04538-132
Telefone: 4004-3131 (não há necessidade de código de área)

LAFIS: www.lafis.com.br

Rua General Jardim, 703, 2º andar, conjunto 21
Centro – São Paulo – SP; CEP: 01223-011
Telefone: (11) 3595-4100

Link Investimentos: www.linkinvestimentos.com.br

Mônica Cicarelli, gerente de Home Broker
Rua Leopoldo Couto Magalhães Jr., 758, 8° e 10° andares
Itaim Bibi – São Paulo – SP; CEP: 04542-000
PABX: (11) 4504-7290

Pentágono S/A DTVM: www.pentagonotrustee.com.br

Marcelo Ribeiro, estrategista
Av. das Américas, 4.200, sala 514, bloco 04
Tijuca – Rio de Janeiro – RJ; CEP: 22640-102
PABX: (21) 3385-4565

Roberto Tamião: **rtamiao@uol.com.br**

Economista e consultor que atua na área tributária e ministra cursos de finanças e administração. Entre outras, presta assessoria econômica para a Rádio CBN e a Editora Letras & Lucros

Santander Corretora: **www.santandercorretora.com.br**

Rua Hungria, 1400
Pinheiros – São Paulo – SP; CEP 01455-000
PABX: (11) 3553-4279

Secretaria do Tesouro Nacional: **www.tesouro.fazenda.gov.br**

André Proite, gerente de Relacionamento Institucional da Dívida Pública
Ministério da Fazenda – SAS Quadra 6, Bloco O, Ed. Órgãos Centrais, 7º andar
Esplanada dos Ministérios – Brasília – DF; CEP: 70070-917
Telefone: 0800 702 1111
Contato: **falecomogoverno@brasil.gov.br** e
http://portal.ouvidoria.fazenda.gov.br/ouvidoria

Spinelli Corretora: **www.spinelli.com.br**

Manoel Lois, diretor de novos investimentos
Av. Brigadeiro Faria Lima, 1355, 4º andar
Pinheiros – São Paulo – SP; CEP 01452-002
PABX: (11) 2142-0500

WinTrade: **www.wintrade.com.br.**

Rua Joaquim Floriano, 1120, 3º andar
Itaim Bibi – São Paulo – SP; CEP 04534-004
PABX: (11) 3077-4630